# 個別最適な学び×協働的な学びを実現する学級経営

上越教育大学教授

赤坂真二 著

明治図書

JN043600

# まえがき

　令和3年1月26日，中央教育審議会より，「「令和の日本型学校教育」の構築を目指して～全ての子供たちの可能性を引き出す，個別最適な学びと，協働的な学びの実現～（答申）」（以下，令和3年答申）が出されました。「はじめに」で，「総論においては，まず，社会の変化が加速度を増し，複雑で予測困難となってきている中，子供たちの資質・能力を確実に育成する必要があり，そのためには，新学習指導要領の着実な実施が重要であるとした。その上で，我が国の学校教育がこれまで果たしてきた役割やその成果を振り返りつつ，新型コロナウイルス感染症の感染拡大をはじめとする社会の急激な変化の中で再認識された学校の役割や課題を踏まえ，2020年代を通じて実現を目指す学校教育を「令和の日本型学校教育」とし，その姿を「全ての子供たちの可能性を引き出す，個別最適な学びと，協働的な学び」とした」と，本答申の概要が書かれています。

　急激に変化する時代の中で，育むべき資質・能力を確実に子どもたちに身につけさせるために，新学習指導要領を確実に実施し，その実現においては，ICT の活用は欠かせないと言っているわけです。ここで言う資質・能力とは，どのようなものなのでしょうか。「総論」には，これからの時代に向けたあたらしいものとして，「社会の変化にいかに対処していくかという受け身の観点に立つのであれば難しい時代になる可能性を指摘した上で，変化を前向きに受け止め，社会や人生，生活を，人間ならではの感性を働かせてより豊かなものにする必要性等」が指摘され，「次代を切り拓く子供たちに求められる資質・能力としては，文章の意味を正確に理解する読解力，教科等固有の見方・考え方を働かせて自分の頭で考えて表現する力，対話や協働を通じて知識やアイディアを共有し新しい解や納得解を生み出す力など」が挙げられています。また，一方，どのような時代でも変わらない不易のものとして，「豊かな情操や規範意識，自他の生命の尊重，自己肯定感・自己有用感，他者への思いやり，対面でのコミュニケーションを通じて人間関係を築

く力，困難を乗り越え，ものごとを成し遂げる力，公共の精神の育成等を図るとともに，子供の頃から各教育段階に応じて体力の向上，健康の確保を図ること」が挙げられています。

　こうしたことを目指していく教育における学びのあり方として，「個別最適な学び」と，「協働的な学び」が提言されました。「個別最適な学び」とは，ICTの活用と少人数によるきめ細かな指導体制の整備により，「個に応じた指導」を学習者視点から整理した概念であり，また，「協働的な学び」とは，これまで「日本型学校教育」において重視されてきたものであり，両者を一体的に充実することを目指しています（令和3年答申「はじめに」より）。

　「協働的な学び」については，アクティブ・ラーニングに関する議論があったおかげか，現場の受け止めにおいて，そう大きな戸惑いはなかったようです。しかし，集団教育を主力としてきた日本の教育にとって，「個別」という言葉が印象的だったのか，「個別最適な学び」については戸惑いをもって受け止めた現場もあったようです。そして，GIGAスクール構想の進展がそこに加勢した形になり，「個別最適」の言葉が一人歩きしたように思います。中には，教室で子どもたちがみんな個々にタブレットを見ながら個別に学習する個人指導の塾のようなイメージをもった方もいたようです。

　そうしたざわついた現場の様子に対応したのか，文部科学省は，この学びのあり方のイメージを図にして表しました。それが次頁に示す図です[1]。これを見ると資質・能力の育成のために，主体的・対話的で深い学びがあり，それを機能させるために2つの学びの一体的実現が整理されて書かれています。しかし，これを見て「ああ，そうか」と腑に落ちる方もいれば，新しい言葉の羅列に一層混乱した方もいたようです。

　思えば教育改革の流れは，多くの場合，現場がそれをできていない，やっていない，だからインパクトのある言葉で，改善を促すという流れで進行し

---

1　文部科学省HP「「個別最適な学び」と「協働的な学び」の一体的な充実」「（参考）「個別最適な学び」と「協働的な学び」の一体的な充実（イメージ）」（https://www.mext.go.jp/a_menu/shotou/new-cs/senseiouen/mext_01542.html　2021年10月3日閲覧）

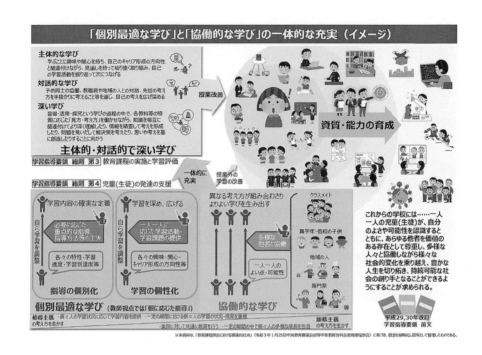

※本資料は、「教育課程部会における審議のまとめ」（令和3年1月25日中央教育審議会初等中等教育分科会教育課程部会）に基づき、概念を簡略化し図やすくして整理したものである。

てきました。例として授業改善を挙げれば，最初，言語活動の充実から，各教科等を貫く言語活動の充実，そして，その流れはアクティブ・ラーニングへ。それが意味がわからないとなると主体的・対話的で深い学びとなり，そして，今，「協働的な学び」と「個別最適な学び」ときています。これらについて教育関係者，特に学校関係者は，しっかりと向き合うことを求められますが，ここで少し考えたいのは，本当に現場はそれができていないのか，という視点です。

　改革の流れで，「できていないからそれをやる」という文脈になっていますが，主体的・対話的で深い学びの話も，全ての現場ができていない，また，それまで現場になかった新しいこと，ではなく，現場におけるグッド・プラクティスとしての捉えだったのではないでしょうか。無藤隆（2017）は，「アクティブ・ラーニングと言っているのは，これまでの小・中学校のいわばベストな，一番いい指導部分をどうやってどの先生でも使えるようにして

いくのかというのがポイント」と述べています[2]。

変化の時代の波に教育も洗われています。したがって、いろいろな新しい言葉が降ってきます。GIGA スクール構想や教育デジタル・トランスフォーメーション（DX）などは、その象徴的なものかもしれません。ICT 機器については新しい道具ですので、確かに今までなかったものと言えます。しかし、全てがそうではないのです。こと授業、指導、学習については、学校教育がこれまでずっとやってきたことなのです。だから、全て 0 からということはあり得ないし、そう考えることに対してもっと懐疑的になっていいのではないでしょうか。

今だからあえて問いたいと思いますが、一斉指導はそんなに問題なのでしょうか。一斉指導は没個性で、新時代の教育から排除すべきものなのでしょうか。一斉指導の中にも、個の尊重や指導の個性化がなされている場合だってあったのではないでしょうか。また、グループ学習やペア学習が必ず善なのでしょうか。一斉指導のアンチテーゼとして協働学習が出てきたので、前者が悪、後者が善となっていますが、それは本当なのでしょうか。大切なのは、資質・能力の育成や、指導過程の充実のはずであり、特定の手法の是非を問うような話ではなかったはずです。

アクティブ・ラーニングがこれまでの授業におけるグッド・プラクティスだとしたら、「個別最適な学び」と「協働的な学び」も、これまでの学習においてグッド・プラクティスとして、既に実践されているはずです。また、本書は学級経営を主にテーマにしていますが、それはなぜか。学級経営と授業の関係は、パソコンの OS とアプリの関係に似ています。スペックの高いソフトを起動するには、スペックの高い OS が必要です。質の高い学習を成立させている教室では、質の高い学級経営がなされているはずなのです。授業のあり方、それに伴う学びのあり方は、これからもいろいろ変化していくと思われます。しかし、スペックの高い OS は様々なアプリを起動すること

---

2　無藤隆解説／馬居政幸，角替弘規制作『中央教育審議会教育課程部会長　無藤隆が徹底解説　学習指導要領改訂のキーワード』明治図書，2017

ができるように，質の高い学級経営は，様々な授業や学習に対応し得るのです。

　そこで，今，既にグッド・プラクティスを実現している教師たちに，学びのあり方からそれを支える学級経営を語っていただき，その姿を明らかにすることによって，読者のみなさんが，スペックの高い学習を実現していくときの参考資料としていただきたいと思って本書を企画しました。

　大学院で学級経営の研究を進める筆者が，８人の先生方にインタビューし，それを編集する形で本書をまとめました。先生方は，学級経営のみならず，授業づくりや特別支援教育などで指導的立場にいたり，校内研究等で明確な成果をあげたりしている方々です。また，塾を経営しながらオルタナティブスクールを主宰し，既存の公教育に問題提起をしている方も含まれています。学校の外から，これからの学びのあり方を見つめてみたいからです。

　ああ，これなら私もやっている，いや，この視点は気づかなかったという話の連続だと思います。きっと先生方のこれからの授業づくり，学級経営に大切な示唆を与えると確信しています。

2022年３月　赤坂真二

# Contents

## 協働的な学びの中に位置づく個別最適な学び

## 協働的問題解決を回すため，教師は最初の火をつけ，笑顔で延焼させる

## 集団のあり方を示す「枠」を子どもとつくり，自立した個を育てる

# 理論編

## 「人間の学習」から見た個別最適な学びとは？

1章

# 1　はじめに

　本書は，個別最適な学びと協働的な学びを実現する学級経営の姿を，8人の実践家の言葉から紡ぎ出そうとするものです。すぐに具体的実践の世界に飛び込んでも構いませんが，その前に，学習とはそもそも何かということを押さえておくと，それぞれの実践家が何をしようとしているかより鮮明に見えてくるかもしれません。この第1章では，人間にとって学習とはどのような営みなのかということを考察することで，学習が成立するための諸条件が明らかになってくることでしょう。協働的な学びは，私たちの国が従来から取り組んできた伝統的な教育が基盤になっているので理解がし易いと言われます。一方，個別最適化学習や個別最適な学びについては，わかりにくいとか捉えにくいといった声が聞かれます。まずは後者を入り口にして「人間にとって学習とは何か」という問題について考えてみたいと思います。

# 2　個別最適な学びと ICT の活用

　「個別最適化学習の実施」と聞いて，何ともいえない不安を感じた教師は，少なくないのではないでしょうか。個別最適化学習という言葉のもつインパクトは，今回の学習指導要領改訂の過程で脚光を浴びたアクティブ・ラーニングやカリキュラム・マネジメントなどのカタカナ用語を超えるのではないかと感じています。その大きな理由の1つは，学校教育がこれまで，集団教育を基軸としてきており，それを根底から覆すようなイメージをもつからです。

　また，個別最適化学習の実現が ICT の活用や GIGA スクール構想と同じ水源から流れ出てきているように捉えられ，機器の使用等に苦手意識をもつ教師には，更なる強い印象を与えていることでしょう。一方，ICT の活用

が得意な教師が，個別最適化学習の実現が容易かというと必ずしもそうとは言えないのではないでしょうか。機器や技術の使用が得意なことと，その利用によって学習を成立させることができるかということは，また別の問題だからです。では，個別最適化学習とは何なのでしょうか。

　文部科学省は，「新時代の学びを支える先端技術活用推進方策（最終まとめ）」（令和元年6月25日）（以下，「まとめ」）で，新時代に求められる教育の在り方や，教育現場でICT環境を基盤とした先端技術や教育ビッグデータを活用する意義と課題について整理するとともに，今後の取り組みの方策を取りまとめました。ここに示されているのが「新時代に求められる教育」としての「公正に個別最適化された学び」です。ここでは，「不登校等の理由によって，他の子供とともに学習することが困難な子供の増加，自閉症スペクトラム（ASD），学習障害（LD），注意欠陥多動性障害（ADHD）といった発達障害の可能性のある子供や，特定分野に特異な才能を持つ子供など，多様な特性を持った子供，国内に在留する外国人の日本の公立学校（小学校，中学校，義務教育学校，高等学校，中等教育学校，特別支援学校）に在籍する子供の中で，日本語指導が必要な子供」など，子どもの多様性に向き合い，こうした子どもたちに一人残らず，基礎学力を確実に身につけるとともに，社会性や文化的価値観を醸成していくべく，最適な学びを可能にすることが，学習を公正に個別最適化することだと指摘されています。「学習の個別最適化＝（イコール）ICTの活用」のような発信を見聞きすることがありますが，「まとめ」を読めば，けっしてそうした単線的な構造ではなく，ICT環境を基盤とした先端技術や教育に関するビッグデータの活用はプロセスの1つであり，ますます多様化する一人一人の子どもの学習環境の最適化と人間的成長を実現することがその目的であることがわかります。

## 3　人間の学習

　「公正に個別最適化された学び」に関しては，令和3年1月26日に出された，中央教育審議会の「「令和の日本型学校教育」の構築を目指して〜全ての子供たちの可能性を引き出す，個別最適な学びと，協働的な学びの実現〜（答申）」の中で，「2020年代を通じて実現を目指す学校教育を「令和の日本型学校教育」」とし，その姿について「全ての子供たちの可能性を引き出す，個別最適な学びと，協働的な学びとした」と記載されたことからわかるように，ここ10年の学校教育が目指すべき目標の1つとして定められたと言えました。

　ここで注目したいのは，「個に応じた指導」を学習者視点から整理した概念である「個別最適な学び」と，これまでも「日本型学校教育」において重視されてきた，「協働的な学び」とを一体的に充実することを目指していることです。わが国の教育は，古くは系統主義か体験主義か，近年では，一斉指導かグループ学習か，科目進行型授業か問題解決型授業か，教師は教えた方がいいのか教えない方がいいのか等々，一部ではありますがわかりやすくも安易な二項対立形式の議論を繰り返してきました。しかし，今まで展開されてきた議論の結論は，「どちらも大事」だったのです。

　協働的な学びと個別最適な学びは，「一体的な充実」が求められています。つまり両者は，どちらも必要なのです。二項対立が生まれやすい背景に，わかりにくいことを単純化したい欲求と目的に対する理解の欠如があるのではないでしょうか。目的が曖昧になると方法に焦点が当たります。すると，どの方法が優れているかという競争が起こりがちです。万能な方法など存在しないのが普通ですから，最後は個人の「好み」の問題に帰結します。個別最適な学びと協働的な学びの目的は，子どもにとってよりよい学習の成立です。にもかかわらず個人の好みで，あちらがいい，こちらがいいと言われても，子どもにとっては迷惑な話です。そもそも学習とは何かという理解が必要な

のです。しかし，私たちの国の教員養成は，教科等の教材と指導法を教えることにはとても熱心ですが，それらが向かうところの学びに関しては関心が薄く，また教員研修がその傾向を更に助長しているように思います。教材や教え方からそろそろ，「人間にとって学習とは何か」ということに対する理解を進めていくときにきているのではないでしょうか。

## 4　個別最適な学びを理解するための2つの発達観

　学習について考えるときに，発達の視点を切り離して考えることはできません。生物であるヒトが「人間」になっていくプロセス，つまり発達は，学習の連続と捉えることができるからです。よく知られた発達論にピアジェの考えがあります。ピアジェの発達観は，生物学的，発生学的な視点に立っていると思われます。発達とは，生物的な成長に伴うものであって，なるべくしてなる，すなわち，ある年齢に達し，特定の段階がくれば自ずと特定の能力が発揮されるという考え方です。ピアジェのこの考え方は，個人構成主義と呼ばれ，人が発達するときには，生物学的な変化が先にあり，そこから何らかの体験をしたりコミュニケーションをとったりする外界との相互作用によって，発達していくとするものです。つまり，成長することによって外界をコントロールする力が増していくという「技術的知性」を重視していると見られます。

　一方で，人がサルから進化していく過程で，次第に大きなコミュニティで生活するようになり，集団生活をするために発達させる必要のある社会的知性を重視するという考え方もあります。ピアジェの考え方が，人の発達の原動力を生物的な成長としたことに対して，この考え方は，社会的知性の獲得によって発達がもたらされるとしています。

　人の発達において社会的知性を重視したのが，ロシアのヴィゴツキーです。ヴィゴツキーの考えは，ピアジェのように発達が学習を左右するというもの

でも，また逆に学習が発達を左右するというようなものでもなく，学習と発達を分離していませんでした。それらが一体となっていると考えていました。

　例えば，まだ言葉を話せない赤ちゃんが，母親とコミュニケーションをとる過程を例にとってみましょう。赤ちゃんが，母親の腕の中で，喃語と呼ばれる，言葉を獲得する前に発する「あーあ」とか「うーあ」のような音を発したとします。そうすると母親は，「どうしたの？」「お腹空いたの？」「おしめが濡れたの？」などと推察をしながら，赤ちゃんの伝えたいことを理解しようとします。


## 5　発達は他者との協働の中で

　この赤ちゃんは，一人ではコミュニケーションをとることはできませんが，母親という他者がいることによって，コミュニケーションを成立させています。「あーあ」と赤ちゃんが母親を指さしながら言うと，母親は，赤ちゃんに向かって微笑み「ママだよ，マーマ」と言います。すると赤ちゃんは，それと似たような言葉を発し，母親は笑ったり喜んだりすることでしょう。日常的に目にするようなありふれた光景ですが，赤ちゃんを学習する主体として見なすと，母親との相互作用を通して，空腹を満たしたり，不快感から逃れたり，言葉を覚えたりという，生きるための実践をしていると言えます。

　赤ちゃんは，一人だったら他者とコミュニケーションをとることができず，生きるために必要なことを学ぶことができないことでしょう。しかし，母親といることにおいて，自分の要望を満たしたり言葉を覚えたりするという実践ができるのみならず，さらに多くの要望を伝えたり，多くの言葉を話したりする可能性をもっているのです。ヴィゴツキーは，子どもを見るときに，今子どもができていることだけを見るのではなく，これからできるようになるであろう成熟しつつある機能も見なくてはならないと考えました。

　現在の子どもの学力や知能を測るテストは，子どもが一人で解いた答えを

16

指標として評価し，他人の助けを借りて出した答えに価値を見出すことはしません。しかし，ヴィゴツキーは，他人の助けを借りて子どもが今日なし得ることは，明日には一人でできるようになる可能性があると考えました。子どもが一人で答えを出すことによって決定されるレベルを「現下の発達水準」，そして，他人と

図1　発達の最近説領域（ZPD）
（柴田（2006）を参考に筆者作成）

の協同の中で問題解決することによって達するレベルを「明日の発達水準」と見なしました。この2つの発達水準の差異を「発達の最近接領域」（Zone of Proximal Development：ZPD）と呼び，その領域内で人の発達は起こるとしたのです（図1）[1]。

　「令和の日本型学校教育」は，その目指すところを見れば，社会的知性を重視していることは疑いようがありません。「「個別最適な学び」が「孤立した学び」に陥らないよう」に「日本型学校教育」が大事にしてきた「協働的な学び」を充実させるよう訴えていますが，そもそも学習とは社会的なプロセスなのであり，社会から独立した状態では出現し得ないのです。

---

1　柴田義松『ヴィゴツキー入門』寺子屋新書，2006
　　柴田氏は，ヴィゴツキーの理論を説明する際，協同という言葉を使用しているため，この部分では，協同という言葉を使用した。

## 6 「最適」の意味するところ

　先述しましたが，個別最適化学習については，令和元年6月25日に文部科学省から出された「新時代の学びを支える先端技術活用推進方策（最終まとめ）」において「公正に個別最適化された学び」と表現されていました。一方で，令和3年1月26日に中央教育審議会から出された「「令和の日本型学校教育」の構築を目指して～全ての子供たちの可能性を引き出す，個別最適な学びと，協働的な学びの実現～（答申）」（以下，令和3年答申）には，副題の通り「個別最適な学び」というような表現がなされています。「公正に個別最適化された学び」という文言は，Society5.0の到来及び子どもたちの多様化を背景に「教育環境でICT環境を基盤とした先端技術・教育ビッグデータを活用する」という流れを受けての提示だったので，ICTとのかかわりで述べられることは自然な成りゆきではないでしょうか。

　この構造は，インクルーシブ教育システムと特別支援教育の関係と似ているように思います。中央教育審議会初等中等教育分科会が，平成24年7月23日の「共生社会の形成に向けたインクルーシブ教育システム構築のための特別支援教育の推進（報告）」（以下，報告）の中で，インクルーシブ教育という言葉を使用したのは多くの方がご存知の通りです。ここにある通り，わが国のインクルーシブ教育は，特別支援教育との関連で語られがちですが，報告に示されているようにインクルーシブ教育の対象は，障害のあるなしにかかわらず全ての子どもたちです。

　同様に，個別最適な学びもICTや先端技術の活用のみを意味するわけではありません。確かに，AIドリル（タブレット端末などで学べる教材ソフト）のように，子どもの解答をAIが分析し，次に取り組むべき問題を自動で出題したり，単元を先取りしたりして，個々の習熟度に応じた学習をするということは，先端技術抜きには不可能でしょう。個の理解度に応じた学習内容の設定は，集団指導の中では困難です。そうした意味では，個別最適な

学びにおいて，ICT の活用に対して一定以上の期待があることは理解できます。しかし，それが全てだとすると，誤解を生じさせることになるでしょう。個別最適な学びは，個別の学びとは異なるのです。

また，「最適」という言葉は注意して受け止める必要があります。「最適」と言うと，どこか理想的で甘美なイメージすら喚起します。しかし，これを「快」の文脈だけで捉えることは，本来のねらいを見失うことになるのではないでしょうか。

自分で設定したテーマを，タブレット等の端末を使用し，探究していくことは快を伴う取り組みかもしれません。一方で，教科書や教材，そして大人たちがお膳立てした環境で，自分の都合のよい情報だけを集めて満足する習慣を育ててしまう可能性もあります。学習を通して，個人のもつ確証バイアスを強めることになります。確証バイアスとは，仮説や信念を検証する際に，それを支持する情報ばかりを集め，反証する情報を無視したり，集めたりしない傾向のことです。令和３年答申で目指す育むべき資質・能力は，「一人一人の児童生徒が，自分のよさや可能性を認識するとともに，あらゆる他者を価値のある存在として尊重し，多様な人々と協働しながら様々な社会的変化を乗り越え，豊かな人生を切り拓き，持続可能な社会の創り手となること」です。自分の望ましい価値観だけを強化するような傾向は，わが国の教育が目指す姿とは真逆といってよいでしょう。他者と協働するためには，多様な存在としての他者を受け入れていく必要があります。それは，自分とは異なる価値を認め，同時に，一定の不都合をも受容するような生き方が求められるのではないでしょうか。

## 7　自己調整学習としての個別最適な学び

また，令和３年答申の中では，個別最適な学びにおいて，「指導の個別化」「学習の個性化」が謳われ，そこでは子どもが自ら学習を調整しながら学習

【自己省察】
うまく登れたかな？
なぜ，うまく登れたのか？
次は，どうしようか？

【予見】
この山，登りたいな
きっと登れる
どのルートを通れば？
どんな装備がいるかな？

【遂行コントロール】
順調に登ってきたかな？
この先登れそうかな？

自ら学ぶ力：自己調整学習する力

図2　自己調整学習のイメージ

に取り組む態度等，つまり，自己調整学習の力の育成が求められています。自己調整学習の力は「自ら学ぶ力」とも言われ，学習に対して自らを動機づけ，効果的に学習を進めるための工夫をし，自分自身を他者視点で見つめ，自らの思考や認知を適切にコントロールする能力のことです（図2）。

　2017・18年版学習指導要領の中でも，「主体的に学習に取り組む態度」とのかかわりの中で，特に注目されています。自己調整学習の力の発達は，個人では起こってこないことがこれまでの研究で指摘されています。この能力は，他者との学び合いの中で，観察を経て模倣される過程を通して，内在化するものなのです。つまり，効果的に学んでいる他者を見て，それをモデルとし，他者から言葉として説明を受けたりフィードバックを受けたりすることで自ら学ぶ力をつけていくのです。

　本章では「人間にとって学習とは何か」という問いを立て，個別最適な学びについて考察を進めてきました。「人間にとって学習とは何か」を考えることによって，一人一人にとって最適な学習とは何かが見えてきます。知識を獲得すること自体は，個別でも可能なのかもしれません。しかし，そのことを学習と言ってよいのか，そして学習の仕方を学ぶことも学習だと捉える

と，個別に知識を獲得することでそれができるのか。学習を個人の営みとして切り取れば切り取るほど，その姿は人間にとっての学習のイメージとは切り離されていくようです。そして，人間にとっての学習の視点から個別最適な学びを考察することによって，そこに必然的に協働的な学びの必要性が見えてきたように思います。ここで1つ結論的なことを示せば，学習とは社会的なプロセスであり，他者や環境とのかかわりを無視して考えることができない営みであると言えます。「個別」や「最適」といった刺激的な文言に振り回されず，子どもが社会で生きるためにどんな力が必要かを見据えた上で，一人一人の学びを充実するという視点をもつことが何より大切でしょう。

## 8　学びの本質

　そこで本書では，授業づくり，学級経営，特別支援教育などの分野において全国的に発信をしたり，また，校内研修，地域教育・市民教育などの地元に密着した研究ですばらしい成果をあげたりしている8人の実践家に，個別最適な学びと協働的な学びのイメージとそれを実現する学級経営，コミュニティづくりの実際についてインタビューしました。お尋ねしたことは主に以下の4点です。

　まずそれぞれの先生方がイメージする，個別最適な学びと協働的な学びのイメージを具体的な実践を通して語っていただきます。そして，次にそれが実践される学級集団やコミュニティの姿を語っていただきます。なぜならば，上で述べたように，学習とはそもそも協働的であり，社会的な営みだからです。集団やコミュニティのあり方を切り離して考えることは不可能なわけです。もっと言えば，それを無視した学習は恐らく，授業は成り立っているように見えても，学習は成り立ってはいない，見せかけの「学びの場」になっている可能性があります。インタビューは先生方の本音を引き出すために，

話の流れによってあちらこちらに飛ぶことがありますが，そうしたふとした
イレギュラーな話題の中に，それぞれの先生方が大事になさっている，揺る
ぎない信念（Belief）のようなものを垣間見ることができることでしょう。
よって，質問の順番は，多少変更になることがあります。また，厳格に以下
の文言の通りに尋ねていません。これらのことを了解していただければ幸い
です。

1：個別最適化された学びとはどのような学習のことをイメージしています
　か。具体的な実践を交えながら教えてください。
2：協働的な学びとはどのような学習のことをイメージしていますか。具体
　的な実践を交えながら教えてください。
3：両者を実現する学級経営（コミュニティづくり）とはどのようものか，
　そのイメージを教えてください。
4：そういう学級をつくるために大事にしていること，そして，実際に取り
　組んでいることを教えてください。

実践編

# 個別最適な学びと協働的な学びを実現する学級経営

2章

# 「I can」の発見と「We can」の体験を往還する「脚力」を鍛えることが豊かな人生を切り拓く

対話者 ： 上條　大志（かみじょう　まさし）

　神奈川県小学校勤務（16年目）。特別支援教育の視点からインクルーシブな学級経営を研究，実践中。校内研修や講座等で講師を務める。現在，教育相談（特別支援教育）コーディネーター，児童指導・支援のグループリーダーなどを担当。神奈川県優秀授業実践教員表彰。著書（分担執筆）として，『通常学級のユニバーサルデザイン　プラン Zero 2　授業編』（東洋館出版社），『決定版！授業のユニバーサルデザインと合理的配慮』（金子書房）など。特別支援教育士。

# 個別最適な学びは「I can」の発見

|赤坂| まず，最初に，個別最適な学びとはどのような学習のことをイメージしていますか。具体的な実践を交えながら教えてください。

|上條| 学級担任の立場もあるんですけど，どうしても私の場合，特別支援教育コーディネーター的な立場からのお話になります。

個別最適な学びを別の言葉に言い換えたら，子どもの「I can」を発見させるというか，そんなイメージがあります。

|赤坂| 「I can」の発見，なるほど。

|上條| 私はこうすればできるんだとかいうのをいっぱい発見させてあげたり，選択できるような力を身につけさせてあげたりするのが大事なのかなと思っています。授業の中でもそうなんですけど，そこには２段階あって，まず「個別最適化された配慮」。そのさらに奥には「個別最適化された個別指導」というのを考えています。スライドを見ていただけますか（図１）[1]。

まず通常の一斉授業があります。やはり，その中では個別の声かけとか，配慮など，いろいろなものが必要だと思います。担任一人でやれるもの，そして，ちょっとした工夫でできるものというのが個別最適化された「配慮」というところで考えてます。一方で，時間を変えたり，場所を変えたり，指導者を変えたりしながらやっていくというのは「個別指導」というふうに自分の中で分けました。

---

1　授業のユニバーサル研究会 桂聖，石塚謙二，廣瀬由美子編著『授業のユニバーサルデザイン Vol.7』東洋館出版社，2014

## 「個別最適な学び」とは

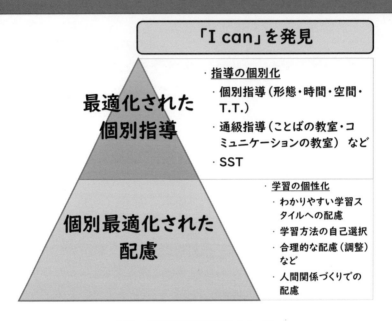

図1　個別最適な学びのイメージ
（授業のユニバーサルデザイン研究会，2014を参考に上條氏作成）

上條　「個別最適化された配慮」としては，学びやすさは，一人一人違うと思っています。例えば，かけ算九九を2年生で勉強しましょう，練習しましょうと言ったときに，場合によっては問題集みたいに上から九九がずらっと並んでいるような，そういうようなプリントも効果的です。また，場合によっては，九九表みたいな感じでやっていくことも効果的だと思います。

　それは一人一人違うので，どちらが学びやすいかというのを実際に取り組ませながら，「あ，僕は表のが得意なんだ」とか，「僕は並んでいた方が得意なんだ」とかというのを体験的に実感していけるように対応していくことが大事かなと思っています。

また，学習方法の自己選択についてですが，やはりここでタブレットが入ってきたことが凄く大きいと思います。例えば，「書字がすごく苦手で，書けないし，自分の字がもう嫌だから書かない」って言ってきた子がいたとします。

　そのとき，課題に対して，タブレットで Google Forms とかを使いながら提出させたりします。そうすると，その子はやるんですよね。何でかなと考えてみました。その子は，タイピング入力は苦手ですが，手書き入力はできるんですね。

　自分が書いた字をタブレットが認識して綺麗な活字に直してくれるので，その子のコンプレックスだった部分がなくなり，学習に参加しやすくなるということがありました。

　これは自分の中ですごい発見だったので，それ以来，「あ，これだったら君できるよね」って，意識して言葉をかけるようにしています。彼は，取り組みながら嬉しそうに頷いたりし，それを見せながら友だちと対話をしたりとか，そんなことができるようになったのです。特別に何かするわけじゃないのですが，ちょっとした配慮やこちらの姿勢があれば，工夫できるところだなと思いました。

　あとは合理的配慮とかかわる話ですが，一人一人個性が違うので，人間関係の配慮が必要です。

　子どもたちをどうやってつなげるとか，その子の個性をどう活かすかというところは，特別な場所や個別の場所ではできなくて，通常の学級の中だからこそできることだと思っています。

　その部分に関しては，担任の配慮というか裁量に任された部分だと思います。この子は，この分野なら活躍できるとか，さっきのタブレットの例だったら，この方法だったらできるという見取りや配慮ができます。最初の話に戻りますが，「I can」を発見させていくというところを意識するのは大事かなと思っています。

**赤坂**　少し整理すると，いわゆるその文部科学省の出している，あのイ

ラストの学習の個性化ということは，先生にとっては個別化された配慮ということになりますね。つまり，指導の個別化というところについては，最適化された個別指導として，捉えていらっしゃるということですね。

上條　そうですね。はい。

赤坂　なるほど。タブレットは配慮の方に入りますか。

上條　通常の学級で使用している分には，もうこれからの時代は配慮として扱うべきなんじゃないかなと思っています。

赤坂　配慮と指導の違いっていうのは，先生は，どういうふうに整理されているのですか。

上條　1つの指導の目標とかねらいに対して，そこにアクセスする部分っていうのは人それぞれ違うので，そのアクセスする部分において選択の自由を与えるのが配慮だと思ってます。

　それで，1つの能力をこういうふうに，こうできるようにするとか，能力を伸ばすとか，そういった部分は指導だというふうに思ってます。今のタブレットの子の例だとその「書く」ということです。

赤坂　とすると，タブレットを用意することが配慮で，そこに書き込むことは指導ということでしょうか。先生がおっしゃる配慮って，環境整備みたいな感じですか。

上條　そうですね，環境調整。いわゆる合理的配慮の調整ってところとつながってると思います。

赤坂　なるほど。その「I can」の発見は，個別最適化された配慮の上に成り立つ個別指導の2段階で考えているのですね。「I can」の発見について，もう1例くらい挙げられますか。

上條　個別指導の方で言いますと，別の子の話になりますが，ある算数が苦手な子がいました。その子が事前の個別指導で，予習的な感じで学習ができるような状態にしてもらえるのです。そうすると，その後のクラスの学習に参加できるようになって，話し合い活動にも

参加が可能になるということがありました。

　協働的な学びにアクセスするという意味でも個別指導というところがすごく重要だなと思っています。

**赤坂**　それは何を指導したのでしょう。

**上條**　割り算の筆算，計算問題だったと思うのですが，通常の学級の中だけで，ずっとやっていたらできないですよね。でも個別指導の場で，個別指導する先生がその子に丁寧に予習的に教えてくれました。きっとその予習があったから通常の学級での学びに参加できたと思うのです。個別指導というと，どうしても遅れていく子のフォロー的な個別指導ってイメージがあります。でも先に個別指導をしておくというところで，協働的な学びにつなげることができるんだなという。

**赤坂**　ああ，先出しの個別指導ですね。

**上條**　それでその子は，ちょっと内容は忘れちゃいましたけど，みんなの前でやり方の説明をしたのです。

**赤坂**　おお。すごい。

**上條**　もう，一日中その子，ニコニコでいたのですけど，そういうふうな個別指導もある意味最適化された部分なのかなと思っています。

**赤坂**　それこそ，指導の個別化ですよね。その子が予習をすることによって次の学習がしやすくなっていくわけですもんね。段々と，「I can」の発見の実態がわかってきました。個別最適化された配慮の方で挙げられる例はありますか。

**上條**　よくある例かもしれないですけど，作文を書きなさいというようなところで，意外と作文の指導って丁寧になされないことがあります。こうやって書きなさい，ああやって書きなさいとか，テーマをぽんと言って書かせることが多いです。だいたい書ける子は，もう書き方がわかってるし，イメージを出しやすい。継次処理というのでしょうか，前から順番に捉えていくのが得意な子は，さらさら書

き進めることができます。

上條　　しかし，学習が苦手なお子さんの中では自分の頭の中で整理ができないというところがあるので，そういったときには，机間指導しながら，「え，じゃあ，ここで例えば，運動会だったら，何したの」というようにインタビューしながら広げ，そこではどんなふうに思ったのかとか，イメージマップのようなものをノートに書いてあげます。

赤坂　　イメージマップという方法論を用意しておくのは配慮ですね。実際に問いかけたり尋ねたりして，書けるようにしていくのが指導でしょうか。今の場合，全ての子がイメージマップをやるわけではありませんね。

上條　　早く書きたくてたまらないという子もいますよね。それを指導と称して，全員同じことをやらせるというのは，かえってノイズになってしまうことがあると思います。

赤坂　　少しわかってきました。作文指導においては，すぐに書きたい子にはすぐに書き出させること，書き出せない子には個別にイメージマップのような方法を示すことが配慮であり，書き出した子にはその作業が順調に進むよう保証することやそれを承認すること，そして書き出せない子にはイメージマップを書いたり，実際にそれを文章に起こしたりできるようにすることが指導ということでしょうか。

　　今の作文の例，わかりやすいですね。この「I can」の発見というものは，それは即ち文部科学省の言う，指導の個別化と学習の個性化に当たる。でも，それは明確に分類されるものでもなく，コインの裏表みたいな関係になりますね。

上條　　そうですね。厳密に分けるのは難しいです。

赤坂　　では，協働的な学びにいきましょう。

上條　　次のスライドを見てください（図2）。「We can」を体験というのが，イメージした言葉です。

## 「協働的な学び」とは

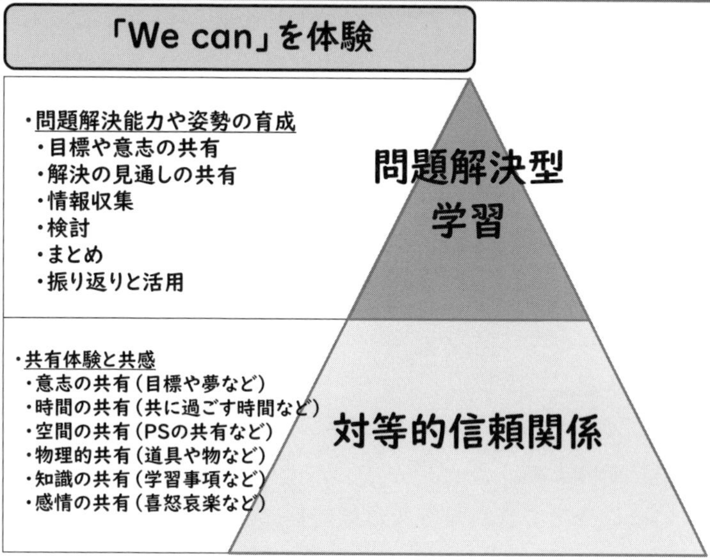

### 「We can」を体験

- ・問題解決能力や姿勢の育成
  - ・目標や意志の共有
  - ・解決の見通しの共有
  - ・情報収集
  - ・検討
  - ・まとめ
  - ・振り返りと活用

問題解決型
学習

- ・共有体験と共感
  - ・意志の共有（目標や夢など）
  - ・時間の共有（共に過ごす時間など）
  - ・空間の共有（PSの共有など）
  - ・物理的共有（道具や物など）
  - ・知識の共有（学習事項など）
  - ・感情の共有（喜怒哀楽など）

対等的信頼関係

図2　協働的な学びのイメージ
（近藤（2010）を参考に上條氏が作成）

## 協働的な学びは「We can」の体験

上條　　先ほどの「I can」があることを前提に，集団で学ぶ価値っていう
ところが，やはり学級にはあると思っています。みんなでできる，
みんなでできたとか，自分ができなくても友だちの協力があればで
きたとか，そういう「We can」をいっぱい体験させてあげるってこ
とが学校の中では大事かなと思っています。

　　ここも2つに分けたのですけど，一人でできない課題をクリアし
ていくことによって，集団肯定感も高まっていくなと思います。で
も，やっぱりその土台として，対等な信頼関係とか人間関係ができ

ているからこそ，「みんなでできたね」という達成感を共有して，味わえるのではないかなと思っています。

上條　一部のできる子たちだけが活躍して問題が解決しているように見えることがあるのですけど，それは本当の意味での協働ではないなと思います。だから，まず対等に，皆同じレベルでの信頼関係というのがあって，そこからの問題解決が大事です。

赤坂　「I can」と「We can」という個別最適な学びと協働的な学びのキーワード，とても明確ですね。イメージが伝わります。

　　　「自分ができること」や「私はできる」に気づく場所，そして「人っていいな」や「協力は大事だ」を体験する場所，それが往還する，これ，まさしく学校ですね。

上條　そうですよね。なんかこう全部の活動が循環する，それが理想な気がしています。

赤坂　では，今出てきた対等な信頼関係についてもう少し教えてください。

上條　やっぱり誰かが上で，誰かが下となってしまうと様々な問題が生じるのではないでしょうか。いじめ，不登校等です。

　　　楽しむということにおいては，人それぞれがあっていいと思いますが，例えば，ドッジボールのような，みんなが楽しいという時間を共有する学習だったら，「わ，これ大変だ」「難しいねー」ということを共感し，共有し，そして「できたね」というのも共有する。こうした同じ感情とか同じものを共有する体験を繰り返していくことは，関係をつくっていく上ですごく重要かなと思ってます。

　　　大人の人間関係でも同じ気持ちをもってくれている人とは仲良くしたいと思いますし，そうではない人とは疎遠になっていくのではないでしょうか。

赤坂　なるほど。

上條　スライドにあるこの6つの共有というのは，近藤先生（2010）が

書かれたものに出ていた観点ですが，学校現場では，もうほぼこれだなというふうに思っています[2]。

　最近はあまり聞きませんが，かつての運動会のように，「気合いで頑張れ」みたいなのは，賛否両論あることでしょう。でも，そこで乗り越えたという気持ちとか，その辛さややり遂げたという達成感を共有し，そういったものをやるからこそ信頼関係ができてくるのではないでしょうか。

赤坂　近藤先生は，基本的自尊感情が高まる要因として，共有体験を重視していますね。

上條　そうですよね。そこが本当にその通りだなぁと思っていて，やっぱりクラスの土台というのはここになるのではないかなと思っています。

赤坂　この共有できることが，対等な信頼関係というふうにして捉えていいでしょうか。それともその共有することによって対等な信頼関係ができていくんだって考えればいいのでしょうか。

上條　そうですね，どちらかというと後者です。何もしないで共感的関係はできないと考えています。事実や出来事を共有し，共感する場面を意図的につくったり，意識づけたりということを学級経営でしていく必要があるなと思ってます。

　問題解決を一緒にやっていこうということが学級では大事だと思います。そのとき，やはり，わかる子はわかるし，できる子はできるけれども，そこには当然できない子，わからない子がいます。そのときに，できる子の気持ちを知りたいとか，できない子の気持ちを考えたいとか，そういう心のつながりが必要になると思います。学校生活では，いろいろな場面で大事になってくるものです。

　学び合う学習をするときに，できない子が，なんでできないのか

なというのを知ろうしたり，考えようとしたりしながら活動すると思います。そこでは共感的な関係があるからこそ，相手の気持ちを考えようとするのだと思います。

上條　また一方で，できない子から見て，できる子は別ものであってはならないと思います。別ものと捉えていたら気軽に質問なんかできません。共感的な関係であるからこそ，遠慮なく聞けるというか聞きやすいのです。

赤坂　つまり，学び合いは対等な関係があってこそ成り立ち機能するものであるということですね。

上條　ベースに信頼関係があって，協働的な問題解決型の学習ができると思っています。

赤坂　協働的な問題解決の場面では，協力や助け合いが行われます。そのときに，信頼に基づく対等な関係性がなくてはならないというわけですね。

上條　はい。例えば，この図2で言うと4番目の検討というときは，誰かの意見を聞いたりしながら，自分の考えを広げたり修正したり深めたりしていくと思います。そこでは自分よりも優れた考えと出会ったりするわけです。

赤坂　ああ，なんとなくわかりました。協働場面では意見の比較検討をするようなときがある。そのときに，対等な関係がないとどんなに優れた意見も，好き嫌いのような，感情的なものに左右され，公正な判断ができなくなるということは当然起こりますね。

上條　はい。

赤坂　ここまでお話を伺ってきて，上條先生のおっしゃる個別最適な学びと協働的な学びのイメージが，とても捉えやすいキーワードでよく伝わってきましたが，その2つはどのようにかかわってくるのでしょうか。2つの学びの関係性をもう少し詳しく教えてください。

## 2つの学びの往還で学びの「幅」を広げる

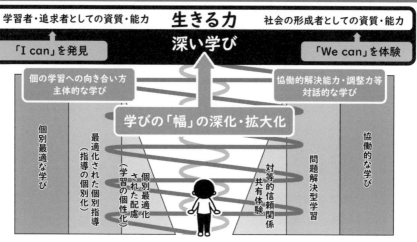

**「学びの幅」は，教育によって，意図的に深化・拡大化させていくもの。**

図3　学びの往還のイメージ

上條　では，次のスライドをご覧ください（図3）。

　学びの幅っていう言葉を当てました。この幅はこう意図的に教育によって，深化させたり拡大化させたりしていくものだと考えています。それは，生きる力を育てるというところを狙ってはいるのですが，図の左側は個別最適化された学び，その中には配慮と個別指導というところが層のようになっています。配慮で収まる部分もあれば，個別指導まで必要な部分があったりとかもして，それはケースによって全然違うと思います。右側には協働的な学びがあって，こちらも先ほど言った対等的信頼関係と共有体験が基盤になった問題解決学習のことです。

上條　何も教育しなくても子どもたちは生きていきますし，大人になることはできるでしょう。教育によって意図的に個別最適化された配慮とかそれを受けながら，意図的に協働的な学びを体験することで，この幅を広げていくのです。しかも，一度広がった幅というのは子どもたちの中で小さくなることはなく，そのまま大人になっていくというイメージです。

　教育が，いずれフェードアウトしていっても，その幅は消えずに進んでいくというような考え方をしたらどうかな，と思っています。それは生きる力につながっていくのですが，左側の個別最適化された学びというのは，個の学習への向き合い方，ある意味主体的な学びの部分で，右側の部分は協働的解決能力とか調整力，みんなで協力するというところです。

　左側は，何かを求めようとする個人としての資質・能力を育て，右側は社会の形成者としての資質・能力を高める部分を指します。「I can」の発見は，学習者個人の資質・能力につながり，右の「We can」の体験は，社会における問題を解決していくという資質・能力につながっていきます。これらを全体的に学びやすい状況にしていくのがUD化された学級経営による環境整備なのではないかなと考えています。

　今の「I can」の発見と「We can」の体験なのですが，学習者とか追求者としての左側の資質・能力は，まず自分の興味関心からスタートして，自己理解，メタ認知，自己への自信，そして自己実現へと発達というか，広がっていくのかなと考えています。

　また，右側の「We can」というところは他者への気づきからスタートして仲間との共有体験があり，協働し他者貢献し社会へ貢献して，社会への影響を及ぼすということで，生きる力に向かって広がっていくのではないかと考えています。今の話を図にしたのが，図4です。

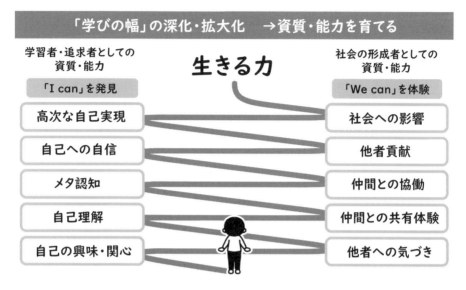

図4　学びの往還のイメージ

　先ほどの幅というところを考えると，自分の興味関心があるから
こそ，「他の人はどうなんだろう」「あの子は僕とは違うな」という
ところに気づきます。それが自己理解につながり，その自己理解は
仲間との共有体験により，さらに自分というのはこういう得意なと
ころがある，苦手なところがある，というのをメタ認知していきま
す。その上であの子はこれが得意だからあの子についていこう，で
もここは僕の方が得意だから一緒に引っ張っていってあげようとい
った認識をもつ。それができると自己への自信につながり，自分に
自信があることでまた他者に貢献しようとします。そうするともっ
と自分がこういう人になりたいとか人のためにこうしたいというふ
うになり，それが特定の他者ではなくて社会へと広がっていくので
はないかと考えています。

赤坂　なるほど，「I can」の成長過程は，自分への気づきから自信が深

まることによる自己実現への道，一方，「We can」の成長過程は，他者への関心から社会貢献へと進化する実態化への道というわけですね。自己の成長は，他者とかかわることでメタ認知が進み自己理解が進む，そのことが結果的に他者への関心の広がりや協働関係を強めていくという流れですね。では，そこに具体的な実践を当てはめるとどういう話になるでしょうか。

**上條**　一番わかりやすいのはさっきのタブレットの子（p.27）です。

**赤坂**　あの子は書けなくてできなかったのですが自分の表現の仕方をタブレットによって見つけたんですよね。手書き入力だったら僕はできるということでした。まず，自己理解でしょうか。

**上條**　そうですね，選択肢を与えたことで，その段階になるでしょうか。

**赤坂**　彼は単なる文字嫌いではなく，文字が書きたいという根源的な，興味・関心はあったと言えそうですね。そういう中でタブレットという選択肢（配慮）をもらって「僕，これなら書けるんだ」と認識した。

**上條**　はい，それでそれによって，さらに僕はこういう方法ならみんなと同じようにできるんだ，決して全部だめな訳ではないのだと気づいた。

そうすると，また違う場面で「僕はこれだったら，あの仲間とできるから」ということで，協力する場面が今後出てくるんだと思うんです。

そうすると，こんな言い方は悪いかもしれないですけど，「僕でもできる」という自信につながり，それで今度は僕が得意な何かで他の子を助けてあげるように，「他の授業では教えてあげるようにしよう」とか，「自分で書いたタブレットを見せてあげるようにしよう」ということで他者貢献になっていくのではないかなと期待しています。

**赤坂**　算数が苦手な子が，予習によって他の子に説明したというお話

(pp.28〜29) につながりますね。できなかった子が，個別の配慮に基づく個別指導を受けて授業で説明する，つまり他者貢献ができたという先ほどの話です。今までと違った自己を理解し，メタ認知し，自信をつけ，高次の自己実現につなげていくわけですね。

赤坂　今のタブレットの話とか，さっきの予習によって授業で説明したお子さんの話は，ある一場面の切り取りですが，上條先生の言ったように，「I can」の発見と「We can」の体験の繰り返しによって，そのミクロの体験から社会貢献への意識のような生きる構えを身につけていくとお考えなわけですね。

上條　そうですね。もしあそこで僕がタブレットでの手書き入力を許さなかったらと考えると，ちょっと恐ろしかったなと思います。その後の，協働的な学びもうまれなかったし，その子の自信にもつながらなかったと思います。

赤坂　どうしてそのときにタブレットを思いついたのですか。

上條　9月スタートが緊急事態宣言下だったので，もういつ休校になってもいいように黒板を使わないようにしていました。オンライン学習の環境整備が進んでいたこともありますが，あとは特別支援の勉強をしていたというところは大きかったと思います。その概念が頭になければ，パソコン，タブレットを使うから，ローマ字表を渡してとか，全員タイピングしなさいって言っていたかもしれません。

赤坂　特別支援教育の学びが，みんな違っていいんだよという発想にどのようにつながっていったのか，判断の経緯を教えてもらえますか。

上條　**学ぶものは学校の中で決められていると思うのですが，学び方までは本当は決まっていないはずなんです。** でも教師は自分の原体験が影響しているのか，それを押しつけようとしたり，研究会で学んだものをそのまま当てはめようとしたりしてしまう。学ぶものとか学ぶことではなく，学び方を押しつけてしまっている部分があると思います。

| 上條 | 得意な認知スタイルは，人によって視覚優位，聴覚優位とか，同時処理とか継次処理とか，いろんな学習スタイルがあります。でも，結果できればいいわけです。指導者はそうしたことをもう少し考えなければいけないと思います。こうした視点は，研修や特別支援教育の勉強をして学んできたことが大きいと思います。 |
|---|---|
| 赤坂 | 特別支援教育の発想とはどのようなものなのでしょうか。 |
| 上條 | 結局は子ども理解に尽きます。「この子はこのタイミングでこの内容を」といった視点です。それが個別最適化された学びでも協働的な学びでもタイムリーに効果的なものを見分けて提供することを可能にします。やはり，子ども理解がないと絶対できないことだと思うのです。その子ども理解を深める１つの考え方が特別支援なんだろうなと思っています。 |

## 学級経営を支える「間主観的視点」という見方

| 赤坂 | では，そろそろ学級経営のお話を伺ってもよろしいでしょうか。 |
|---|---|
| 上條 | 前に赤坂先生の講義をお聴きしたときに学習指導要領解説の総則編に学級経営で大事なのは確かな児童理解であるとあることをお話しされていて，そこの部分を自分の中で読み取ったときに２つの観がありました。それらを自分の言葉にすると，客観的・総合的視点と主観的・個別的視点です（図５）。その中で客観的・総合的視点では，きめ細かい観察と面接など適切な方法という言葉がありました。右側の主観的・個別的視点のところでは，児童との信頼関係，愛情をもって接してというふうに書いてあります。これを自分の中で整理するために主観的な右の部分と客観的な左の部分とに分けました。 |
| | 教師っていうのはこの両方をもっているのが専門性なんだなと思ったので，間主観的視点ということでネーミングしました。間主観 |

的視点というのは，子どもを集団の中の個として他の子と比較しな がら見ることで主観的であるよりも客観性を保つ一方で，学級で一 緒に生活していくことにより，体験を共有するなどして共感的に捉 える点で客観的であるよりも主観が介入している視点を併せもちま す。客観的な方は医療や心理的視点，主観的な方は親的視点，間主 観的視点というのはその中間というか両方をもちます。

　担任教師は両方の視点がないと子どもを理解することもできない し，学級経営もできないなと思っています。この子のことを大事に 思ってあげようという愛情があるのは親の視点で，でもこの子って 客観的に見てどうかなと，そういう視点があるっていうのはドクタ ーとか心理士の視点だと思うんですね。その両方をうまく使いなが

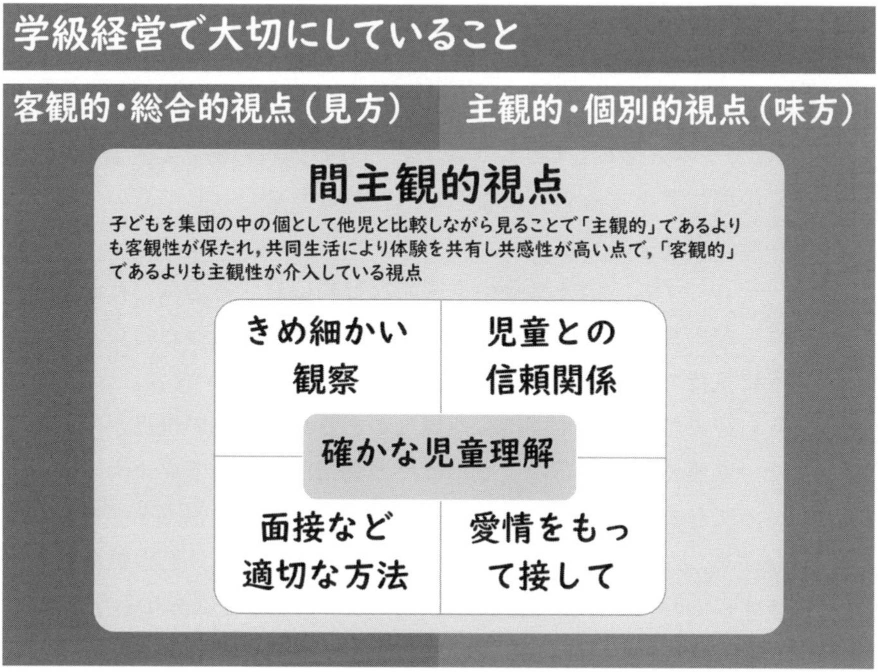

## 学級経営で大切にしていること

**客観的・総合的視点（見方）　　主観的・個別的視点（味方）**

### 間主観的視点

子どもを集団の中の個として他児と比較しながら見ることで「主観的」であるより も客観性が保たれ，共同生活により体験を共有し共感性が高い点で，「客観的」 であるよりも主観性が介入している視点

| きめ細かい 観察 | 児童との 信頼関係 |
|---|---|
| 確かな児童理解 | |
| 面接など 適切な方法 | 愛情をもっ て接して |

図5　間主観的視点

らバランスよくやっていかないと子どもを理解することもできないですし，適切な指導をすることもできないなというふうに思っています。

赤坂　確認しますが，客観と主観どっちももっているということでしょうか。中間に立つということでしょうか。

上條　両方ですね。コーディネーターをしているとドクターとか心理士さんがいろいろアドバイスをくれるのですが，それはあくまでも一人の子を，個として見てる視点なんですよね。だから集団の中に入ったときには，その考え方が意外と使えないことがあるのです。

赤坂　しかし，中間に立つというのは実際には難しいのではないでしょうか。だから，あるときはこっち，あるときはこっちという考え方なのでしょうか。例えば，教室で，その問題行動，不適切な行動，不適応行動をした子がいるとします。そうすると，「この子はこういうような背景できっとこういう行動をとっているんだなぁ」とかというのは，左の視点。それに対して，「この子も無理もないよな」，「この子の気持ちもわかるよな」というのは右の視点ですよね。だから中間に立ってるのではなくて，行ったり来たりしてるのではないかな。どうなのでしょう。

上條　そうですね。例えば今の不適切な行動に対するのは，行動について，左の視点で対応するのですけど，それは嫌だったのかというふうに気持ちに寄り添うことは右の視点でやると思います。

赤坂　自分の経験で言えば，右の視点があるから，左の視点ができるみたいな感覚です。右の視点だけだと感情的になってマイナスの方にいってしまうことがありますよね。しかし，右の視点をベースにしながら，左の視点で対応するとか，左があるから，右が熱くなりすぎずにあたたかく指導できるとか，そういうことはありそうですね。

上條　そうですね。やっぱり右の視点があるから，そういう左の視点で見てあげなきゃという気持ちになりますよね。

| | |
|---|---|
| 赤坂 | それはね，すごく難しいけどやっている方はやっているのでしょうね。 |
| 上條 | 多分皆さんやっておられることなのですけど，やっぱり感情的になってしまうこともあって。ここが整理できてないからとか言語化されてないから，また，混乱してしまうんじゃないかなと思っています。 |
| 赤坂 | 間主観的な客観と主観の往還またはハイブリッド的な視点があるからこそ，さっきのタブレットのような判断ができるわけですね。そもそもどうして特別支援に興味をもたれたんですか。 |
| 上條 | おおもとは介護等体験ですね。大学2年生ぐらいで，福祉施設とか養護学校（当時）に行く制度です。私のときは福祉施設に5日間及び養護学校に2日間行かないと教員免許が取得できませんでした。 |

そこで福祉施設に入って知的障害者の施設に行ったのですが，やはり，最初は知らなかったのでその人たちのことを正直怖いなとか思う気持ちもありました。

実際に接してみたら無垢だと感じました。本当にこう純粋というかシンプルというか自分の思いのままに動かれていました。自分はそういう偏見の混じった見方をしていたこともあったので，知ればもっとその人のことがわかるのではないかと思ったのです。それで単純に特別支援に興味をもって，実際自分で勉強していって，教員として学級経営していく中でも，特別支援の視点を知っているからこそ失敗しなかったこととかも結構あったりして，自分にとって必要な領域だなと思ったわけです。

児童指導というのも熱血的に上から降ろすのではなく，なんかこう，特別支援的な視点があればもっと柔らかくできるんだろうなというのが最近わかってきました。やはり，初任のころってガツンといきたいという思いがありました。あるとき，それはただの自己満足だなと気づいたのです。

赤坂　　上條先生にもそんな時代があったのですね。今の上條先生からはとても想像できません。では，最後の質問をさせていただきます。上條先生は今お話しになったようなことを踏まえながら現在も日々，実践されてるわけですけれど，上條先生が目指すところはどんな世界なのでしょう。

## 全ては児童理解から

上條　　そうですね。教育現場では，やはり個別最適化された学びの三角形と協働的な学びの間のところをしっかりと幅を広げていきながら埋めていきたいと思うのです（図6）。教育の目的は人格の完成とか社会で活躍できるような能力とか人材とかを完成させるというところなので，そこで大きくしっかりとした土台をつくれば社会に出たときに自分がやりたいことをやったり，その分野で活躍したり自己実現を目指したりする力につながるのではないかなと思っています。

　　図6の一番下の協働的な学びと個別最適化された学びの間の幅が広ければ広いほど，その上の三角（社会において自己実現を目指す力）も大きくなりますし，土台もしっかりすると思っています。このどちらかが崩れていたりしたら，上は積み重なっていかないと思うので，土台の部分は大事かなと思ってます。

　　協働的な学び「We can」を体験するというところは自分らしく，つながりのよさを実感しながら，ともに生きる力を伸ばすことになるでしょうし，「I can」の発見を支援することで自分を知り，自分らしく生きながら自己実現の力を伸ばしていけるのではないかなと考えています。あくまでも社会の中で生きていく子を育てていかなければいけないのではないかなと思っています。

赤坂　　この図で見ると，やっぱりこの子どもたち自身の対等性と個別最

適化された配慮，この幅が広くなればなるほど，よりそれを支える土台が大きくなって上の積み重ねも高くなりますね。裾野が広くなればなるほどに積み重なるものが高くなりますね。

　この図，とてもわかりやすいのですが，あえてお聞きします。一番下の UD 化された学級経営による環境整備において，欠かせないものは何ですか。

上條　これも繰り返しになりますが，児童理解です。授業も学級経営も子どもが違えばやることも変わってきます。そして，配慮することも変わりますし，協働的な学びの演出というか環境づくりも変わってきます。子どもをちゃんと知って，その上で，そのメンバーの中でどういうふうにすることが UD 化なのかというところで環境を全

図6　学級経営全体のイメージ

部整えていくんだろうなと思っているので，出発点は児童理解なん
だろうなと思っています。

赤坂　　授業 UD を含めて教育のユニバーサルデザインを技術論だとして，
その技術はどこを起点に発生するかと言えば，子どもをどう理解す
るかという児童理解によるってことなのですね。

上條　　そうですね。はい。

赤坂　　児童理解から技術が発生する。では，その技術から話を更に広げ
たいと思います。今日のお話のキーワードの1つに，「I can」の発
見と「We can」の体験の間の「幅」がありますね。幅って，別の言
葉で言うと何になりますか。学びの幅の深化・拡大化というのは，
何となくわかるのですが，まだ焦点がピッタリと合わないような感
覚もあるのです。

上條　　変な例えかも知れませんが，脚力です。えっとですね，壁が両方
にあるかなんかで，テレビ番組の「SASUKE」ってわかりますか。

赤坂　　まさかの「SASUKE」，わかります，あの体力自慢が過酷な競争
をする番組ですね。

上條　　はい。あれで両サイドに壁か坂だかがあって，そこを右足で蹴っ
て左の壁をまた蹴って進んでいくような競技がありましたね。

赤坂　　ありました。

上條　　あれと似ているかもしれません。あの競技は左側の壁を蹴る力が
ないと右側に行けないですよね。また，右脚の蹴る力がないと左側
には行けないと思うのです。

赤坂　　そこはわかります。「I can」の発見の量的・質的向上が，「We
can」の体験の量的・質的向上をもたらす。その往還によって更な
る向上がもたらされる。そこは今日とても納得したところなのです
が，ではその，幅を広げると言ったときの「幅」って何なのでしょ
うね。確かに強い脚力によってよりダイナミックに，「I can」の発
見と「We can」の体験を往還できそうです。

上條　はい。

赤坂　上條先生が最初からおっしゃってくれているのは選択肢の問題だと思うのですが，いかがですか。

上條　ああ。

赤坂　あの個人で頑張れる力はすごく大事だし，しっかりと他者と協力して目標達成できる力も大事。しかしそれって個人でしか頑張れなかったり誰かがいないとできなかったりでは，生きる力としては脆弱。行ったり来たり，そして，この振れ幅が大きいからこそ，いろんな人生の選択ができていくという話ではないのでしょうか。

上條　すごいスッキリしました。そうですね。

赤坂　個人事業主さんみたいになって，自分で会社を起こしていくというときは，やはり，やり抜く力や自分をコントロールする力などが求められ，やはり個別に軸足を置いて生きていく力が必要ではありませんか。しかし，実力ある個人事業主さんも孤立して生きていくことは不可能なわけです。

　一方，そういう人もいれば，対照的に，みんなでワイワイやりながらアットホームな空間やそのファミリー的な中で自分の能力を伸ばしていく人もいます。でもそういう人もいつも人と一緒ではなくって，一人で熟考したり，一人で自分の能力を磨いたりするというような時間や空間がなかったらやはり，自分の力は高まらないし，集団に貢献することもできない。すると，結果的にその中で自己肯定感のような自分のポジティブな見方ができなくなり，集団に貢献することが難しくなっていくことでしょう。

　だからそうやって軸足をいろんなところに置けるという，生き方の選択肢がもてるのではないでしょうか。

上條　はい。いや，もう，ほんと言われてスッキリしました。今後の人生，社会も選択ですよね。いろいろなことが。

赤坂　学級担任が特別支援教育を学ぶ凄みというのは，学級集団を営み

ながらもとことん個を見つめることができることなのかもしれませんね。

【対話を終えて】

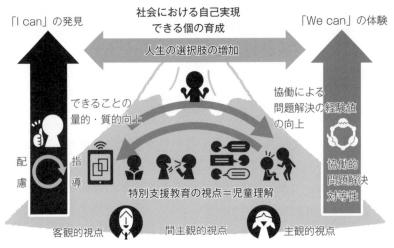

図7　上條氏の個別最適な学び×協働的な学びのイメージ

　上條先生はとてもイメージしやすいキーワードでご自身の個別最適な学びと協働的な学びを実現する教室像を語ってくれました。表裏一体の個別指導と個別配慮に裏打ちされた，「I can」の発見と子ども同士の対等性を基盤にした協働的問題解決による「We can」の体験，この２つの学びの往還が子どもたちの人生における可能性を広げていくというイメージはとてもわかりやすいと思いました。

　読んでいただければわかるように，上條先生は協働的な学びにおいて，ペア学習やグループ学習，学び合いも実施されているだろうことが窺われました。しかし，上條先生の関心の中心は，徹底して「個」だったように思います。個の成長のために，集団機能を高め，それを活用しているように聞き取

れました。「I can」の発見を成り立たせているのが，個別の配慮と指導でした。上條先生にとって，配慮とは環境そのもののように思います。

　合理的配慮とは，英語で「Reasonable accommodation」と言われます。

　この「accommodation」には，宿泊設備，列車・飛行機などの座席の意味があり，備え付けのものという意味があるようです。上條学級においては，子どもの学びを最適化するための配慮は，当然のこととして標準装備されているということなのでしょう。

　自分の文字に自信がもてなかった子が，タブレットを使用したことによって自分の意見を表せるようになったこと，また，算数に自信のない子が，予習の個別指導によって学習に積極的に参加できるようになったことなどが語られましたが，とても印象的で説得力のあるエピソードでした。その配慮の上には，それぞれの配慮に応じた指導があるはずです。これらは指導の個性化と言えるかもしれませんが，その方法のよさを子どもが味わうことで，自らそうした方法を選択することでしょう。そうした状態になったときに，指導の個性化が子どもに学習の個性化をもたらすと言えるかもしれません。

　そうした合理的配慮の問題としてしばしば話題になるのが，個人への特別な配慮が「嫉妬」につながり，人間関係上の問題が生じ，支援が支援として機能しなくなるという問題です。「あの子ばっかりずるい」という声が上がるわけです。そういう声が上がると，当の支援を受ける子が支援を受けることをいやがって，支援の方法があっても支援が届かないことが起こるわけです。

　しかし，その問題に上條先生は，たったひと言で決着をつけています。それが子ども同士の「対等性」です。対等であるということは，全員が同じということではありません。目的に対して等距離にあるために，必要な支援をするということです。正しく，合理的配慮の考え方です。ページ数の関係で上條先生の「キョウドウ」に対する考えに関する部分をカットせざるを得ませんでしたが，上條学級の対等性の原理を理解する上で，私の方で，文脈を変えないようにしてお伝えしたいと思います。一般的に能力差がある場での

「キョウドウ」は，能力差に配慮するという意味で協同という文字が使われます。一方，協働は対等性な仕事への関与が求められます。

上條先生は，キッパリと「私のキョウドウは「協働」です」と言いました。ここでは特別支援教育の専門家である上條先生の信念を感じました。つまり，上條先生のお考えには，合理的配慮が標準装備されているのです。目的に向かって，5の力が必要な場合，4の力の子には，1の支援を。3の子には2の支援をすることが「当たり前」なのではないでしょうか。だから上條先生の教育においては，どんな課題でも，たとえ子どもたちにどんな能力差があろうと，「協働」なのではないでしょうか。

特別支援教育が法制化されてから，特別支援教育への関心が高まり多くの教師が学ぶようになったことはとても喜ばしいことだと思います。しかし一方で，特別支援教育の対象とされる子どもと非対象の子どもの間に壁が生まれているような気がしているのは私だけでしょうか。と言うのは，ある自治体の児童支援センターで，さまざまな学校で支援に当たる先生方のスーパービジョンをしているときに，こんな悩みが聞かれました。それは，先生方が学校に赴き相談にのっていると，通常の学級の先生方の中に「特別支援を要する子どもの問題はそちら（センター）の問題だから，なんとかしてほしい」といった発言をする方がいて返答に困ったとのことでした。発言された方も困っていたのだと思いますが，自分が担任する子どもを区別してかかわっているとしたらそれはとても残念なことだと思います。特別支援教育を学ぶ意味は，そうした壁を撤去する営みではないでしょうか。個別最適な学びを実現するためには，特別支援教育の知見は不可欠だと今回の対談を通して改めて実感しました。

# 協働的な学びの中に位置づく
# 個別最適な学び

対話者 ：　　　　　　　　　　　　たかはし　　ともひこ
　　　　　　　　　　　　　　　　髙橋　　朋彦

　千葉県小学校勤務（14年目）。文科省指定の小中一貫フォーラムで研究主任を務める。算数と学級経営を中心に学び，市教育委員会が主催する初任者研修や若手研修で講師を務める。第55回 実践！私の教育記録で「校内研修を活性化させる研修デザイン」が特別賞を受賞。著書に『ちょこっとシリーズ』（明治図書），『明日からできる速効マンガ 4年生の学級づくり』（日本標準）などがある。

# 子どもの個別の学びを見取り，それに適した支援をする

**赤坂** では，最初に個別最適化された学びとはどのような学習のイメージか，具体的な実践を交えながら教えてください。

**高橋** 文部科学省の資料を読んで，その子にあった学習を進めていくものと捉えました。タブレットが出始めのときは，タブレット任せの個別最適化というものをイメージしていました。

数年前に個別最適化学習で先進的な中学校を見に行きました。そのときは，タブレットを活用した個別最適化学習の授業を参観しました。今の学年にあった学習をしている子がいたり，小学校の学習まで戻って分数のわり算の計算をしている子がいたり，難しい応用問題を解いている子がいたりしました。このときは，タブレットを通してその子にあった問題を解いていくのが個別最適化学習なのだと感じました。

ただ，この前赤坂先生に授業を見ていただいて，1つの授業の中でも，その子にあった学び方はデザインできるのだと思いました。例えば，一斉指導が合っている子，ペアやグループが合っている子，友だちの発表を聞いてわかる子など，子どもによって，学習の理解をするポイントが違うからです。そこで，1つの授業の中に，さまざまな学び方をデザインすることで，その子にあった学習を選ぶことができるようになると思いました。

話が変わりますが，算数の授業研究では，自力解決のときに学級の全員が理解していなくてはならないという教師側の空気感があります。その教師側の空気感のせいで全員ができるようになるまで時間調整をしています。早くできてしまった子は，まだ解決できていない子をピシッとした姿勢で待ちます。

このような授業展開に非常に疑問をもっていました。問題が出題

された瞬間にわかる子がいたり，そのあとの見通しでわかる子がいたり，自力解決でわかる子がいたり，ペアで教えてもらってわかる子がいたり，発表で友だちの考えを聞いてわかる子もいたり，最後のまとめでわかる子もいたりします。

　その子によって学習を理解するポイントというのが，1時間の授業の中で全然違うなと，思っていました。

赤坂　なるほど。では，髙橋先生の今の考えをまとめると，その中学校の授業を見たときにひたすらタブレットをやっていた，そういうのも「あり」かもしれないけど，髙橋先生の考える個別最適化，個別最適な学びというのは，そういうことばかりではなくて，子どもたち一人一人によって，発問を出されたときからもうわかっている子，中盤になってわかる子，終盤の練習問題でわかる子など，いろいろな学び方，わかり方をする子がいて，そういうことに対応していくことが，個別最適な学びなのではないかということですね。

髙橋　そうですね。子どもたちによって理解するポイントが違うということを理解して授業をデザインしていくという感じです。

赤坂　そのような具体的な実践はありますか。

髙橋　算数の授業を例に出させていただきますね。1時間の授業のデザインで言うならば，次のようになります。たぶんこれは，昔から大切にされてきたことだと思います。

　例えば，問題を出題したときに理解の程度を見取って確認します。そして，理解した子の考えをもとに，解決の仕方をみんなで確認して，自力解決に取り組ませます。

　それから，机間指導しながら子どもの学習の理解を確認します。TTの先生がいる場合は，その先生と連携をとり，つまずいている子に対して個別に支援してもらいます。そのときに，全員の子がしっかりと理解できていなくていいと思っています。

　自力解決後，グループで考えを説明し合わせます。その説明の中

で，あやふやだった考えがより確かな考えになっていけばいいと思っています。

高橋 　1時間の中で理解できるポイントが違う子たちがいっぱいいるので，その子たちの考えを組み合わせながら，1つの学習の理解にたどりつくように授業をデザインしています。

赤坂 　子どもたち一人一人の理解のポイントの違いから，授業を再構成して，ゴールに連れていくのは，見取りの力がすごく問われますよね。では，毎回の授業でその理解のポイントの違いを見取りながら，問題解決過程を随時組み替えながら，共通のゴールに向かうようなイメージですか。

高橋 　そうですね。子どもを見取るためには，今日の授業で何を教えるか，「めあて」がすごく大事だと考えています。そして，その「めあて」をもとに子どもたちを見取ることを大事にしています。

　例えば「分数×分数」で，「帯分数を仮分数にして計算する」という「めあて」だったら，つまずくポイントがほぼそこ（帯分数を仮分数に直すこと）になることが多いです。

赤坂 　それは，学習課題と違うのですか。

高橋 　僕の場合，めあてと学習課題を次のように分けて考えています。「めあて」は，教師が今日子どもたちに身につけさせたい力で，教師が押さえるもの。「学習課題」は，教師の押さえている「めあて」をもとにしてつくった子どもたちの取り組むべきものとしています。

赤坂 　さっきと同じでもいいので，具体例で言ってみて下さい。

高橋 　具体例で言うと，「今日は分数÷分数で，帯分数を仮分数に直して計算する力をつけさせるぞ」が，教師のもつ「めあて」。「帯分数のままでは計算ができないから，どうやって計算したらよいか考えよう」というのが子どもの学習課題になります。教師のものか，子どものものかというところで分けています。

赤坂 　なるほど。そうすると高橋先生の言う個別最適な学びというのは，

いわゆるタブレットを見ながらの個別学習ということではなくて，一斉指導の中でも，子どもの個別の学びを見取り，それに適した支援をしていくということですか。

髙橋　そうですね。その適した支援というのが，机間支援かもしれないし，T2による指導や助言かもしれません。グループかもしれないし，タブレットかもしれません。もう終わっちゃった子は，今日の学習でわかったことをもとに明日の予習をしていてもいいと思います。

赤坂　何かこれは身につけなきゃ，これは達成しなきゃという教科書に準拠した共通の課題はあるんだけど，その道筋は一人一人バラバラで，いいじゃないかということでしょうか。問題解決過程において，T2の先生に教えてもらうこともあるだろうし，髙橋先生（T1）に教えてもらうこともあるだろうし，友だち同士で話し合うこともあるだろうし，一人で勉強することもあるだろうしということですね。

髙橋　例えば，算数において見通しまでやった後に，「じゃあやってみましょう」と言ってやらせるのですが，つまずく子が必ずいるのです。そのときは，「わからない人は黒板の前集合」と言って黒板の前で解説します。その間にT2の先生に回ってもらって，「わかる」って言っていたけど，つまずいている子をみてもらっています。他にも，「教科書を見てもいいですよ」と言ったり，「T2の先生に自分から聞きましょう」と言ったりして，問題解決の方法を自分で選択させることもあります。

赤坂　それで具体的な姿がはっきりしてきましたが，一方で「個別の学び」と「個別最適な学び」って違いますよね。個別最適の「最適」ってどう捉えていますか。

髙橋　自分で学習方法を選べるってことですかね。今日は友だちに教えてもらおうとか，今日はわかんないから先生に聞いて教えてもらおうとか，今日は何かいけそうな気がするから，自分でやってみようとか。わかんなかったら「頼ればいいや」，そうした感覚を大事にし

たいと思っています。

赤坂　今の視点は，学習の個性化になるかもしれませんね。

髙橋　あ，そうなんですね。

赤坂　文部科学省が言う個別最適な学びの中には，「指導の個別化」と「学習の個性化」がありますが，今，髙橋先生は前半の方で「指導の個別化」のことを言っていて，後半は子どもの立場に立っているので，「学習の個性化」の視点でお話しになっていると受け取りました。

　それに対して今のお話は，子どもたちが「この課題は自分ではちょっと無理そうだから，誰かに教えてもらいたいな」また，「この課題は，○○君が得意そうだから，○○君に教えてもらいたいな」「この課題は自分でやってみたいな」とか。「この作業はT2の先生に教えてもらおうかな」などを，子ども自身が選択する，そういうことを言ってるんですよね。

髙橋　文部科学省が出したイメージ図を見たときに，いつもやっていることではないか，と思ったんですよ。

赤坂　今，私たちの話が，あちこちに飛んだかもしれませんので，読者のためにもう1回，髙橋先生の言葉を整理しながら，いつもやってることだっていうようなところを，イメージを重ねながら説明してみてください。

髙橋　学習指導の個別化というのは，教師側のものだと思いました。「めあて」を明確にして，子どもたちを見取り，その子に合った授業をデザインしていくというものです。

　そして，「学習の個性化」というのは子ども側のものだと思いました。教師のデザインをもとに自分で学習方法を選択していくというところです。

赤坂　では，その個性化の部分に関して質問です。子どもの理解度に合わせて問題解決過程が選択できる授業デザインをしました。しかし，デザインをしただけでは子どもは動けないと思うのです。子どもた

ちに，学習方法の選択に関して，なんらかの投げかけはしないのでしょうか。

高橋　いつもやっているイメージで言えば，「わかんない人はいますか？」じゃあ，「先生に聞きたい人？」「とりあえずやってみる人？」というようなワチャワチャした感じで気軽に選ばせています。

赤坂　髙橋先生の授業ってゆるい感じで進行し，随時，子どもに決めさせていますよね。

高橋　そうですね。最近は勝手にやり始めるので。こっちが投げかけなくても勝手にやっています。

赤坂　しかし，それは今の状態であって，何もしないで，子どもが自ら動くっていう状態にはならないですよね。

高橋　なりません。

赤坂　どういうふうに働きかけることで，「自ら動く」という状態が生まれてくるのでしょうか。

高橋　「自ら動く」状態に育てるために，一連の動きを「学びの5ステップ」として掲示しています（写真1）。年度はじめに，掲示物を使って，教科書とドリルの使い方を教えました。「教科書やドリルには計算方法と答えが書いてありますね。これをもとに，①問題を解いてみましょう」と言って問題を解かせました。

次に，「答えを見て，②問題があっているか丸付けを

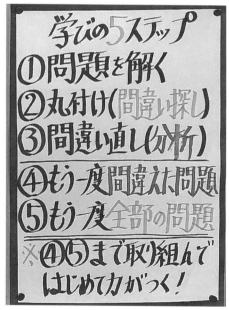

写真1　授業における学びのステップ

します。正解していることが大切なのではなく，間違いを見つけることが大切だよ」と言って，間違いとの向き合い方を教えます。次に「間違いが見つかったら，何で間違えたか，③理由を分析しましょう」と言って，自分が間違えた理由を答えから分析させます。そして，「できたと思ったら，④⑤もう1回見ないで取り組んでみましょう」と言って，自分の力だけで問題ができるようになる経験をさせています。

髙橋　この方法でわからない子に対しては，「答えをそのまま写して今度は見ないでやってごらん。そうしたらできるようになるよ」と言って問題に取り組ませました。

　また，教え合いの授業では「できた人は起立」と言って起立させます。そして，「今，起立している人は，座っている人が理解できるように教えてください。そして，全員が理解して起立するまで教え合います」と言って，教え合いのトレーニングをしました。そのときに，「答えをすぐに教えるのではなく，ヒントを与えながらやりましょう」と声をかけていました。その学習が成熟してきたら，「理解して起立している人が聞き役になって，座っている人が説明できるようになるよう，教え合いをしましょう」と言って，対話やグループ活動をしています。一つ一つの学習の仕方を年度はじめに丁寧に説明して体験させています。今はもう「好きにやってください」っていう感じです。

赤坂　問題解決のパターンを年度はじめにいくつか教えるということですね。

髙橋　そうですね。3つか4つぐらい。

赤坂　1つ目は教科書の使い方。

髙橋　そうですね。教科書やドリルの使い方ですね。

赤坂　2つ目は教え合い。

髙橋　わかった子は，起立して，座っている子のところに行きましょう。

自由に立ち歩きをします。

赤坂　教え合いのパターンの1つですね。3つ目は，グループ活動。じゃあペアでの学習活動もやっているんですね。

髙橋　ペアもやっています。ペアの場合は「隣同士確認しましょう」と言って，確認する活動が多いですね。グループの教え合いでは，わかった子が起立する方法の他に，ネームプレートを使って，問題ができた子はそれを移動させて，できたかどうかの可視化をします。

他にも，グループで小黒板をもち寄った話し合い活動をしています。

赤坂　小黒板を使った話し合い活動って，具体的にどんな授業ですか。

髙橋　グループに小黒板を配って，みんなで問題を解く，ワールドカフェのような活動もしています。

赤坂　いわゆるファシリテーションの技法で使われる，カフェ式の話し合いですね。

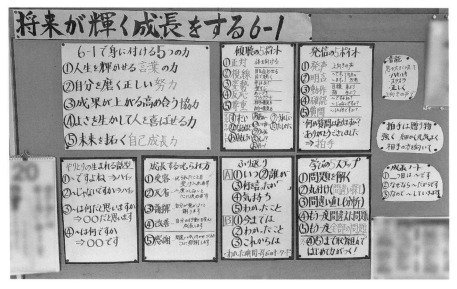

写真2　髙橋学級の学習及び生活の手順

高橋　そのときの授業のねらいや内容によって，色々経験させています。

赤坂　問題解決の手順をちゃんと教えることによって，子どもたちの行動が自動化されることを引き出してるんですね。

高橋　僕，その手順は結構丁寧に教えています。写真に示しているように掲示物にして，見える化しています（写真2）。

赤坂　ではここまで，「個別最適な学び」について語っていただきましたが，一方で「協働的な学び」のイメージはいかがでしょうか。

## 協働的な学びのプロセスに位置づく個別最適な学び

高橋　私は，1つの課題に対してみんなの力を合わせて課題解決して，その解決の過程によって力を身につけるという感覚です。

　　例えば算数では，あえて難しい問題を出題して，子どもたちに投げてしまうこともあります。子どもたちは，問題を解きながら，「ああでもないこうでもない」と言い合って，その途中で，教科書やノートをもち出し「ほら，ここに書いてあるじゃん」とか言いながら解決していきます。こうして，クラス全員で難しい課題を達成し，その過程で学力がついていくというイメージです。

赤坂　具体例を挙げれば，「複合図形の面積の求め方を全員が説明できる」，そういう感じですか。

高橋　そうですね。説明する力を全員に身につけさせたいときは，「みんなで説明できるようになろう」という課題を子どもに与えてしまいます。簡単に説明できる子もいれば，できない子もいます。「全員が説明できる」という課題は子どもにとって，なかなかの難題です。そして，「説明する人はくじで指名するよ」と言って，緊張感を与えることもあります。

赤坂　なるほど。

高橋　説明できない子がいたら，「説明できない人が悪いのではなく，チームとして課題が達成できていないという意味なんだよ」という話をして，学級全体で学ぶ意識をもたせています。

赤坂　文部科学省の出したイメージ図を見ると個別最適な学びと協働的な学びは，往還的に実現するという話なんですよね。立体的に充実していくというふうなことなのかもしれません。先ほどのお話の個別最適な学びと今の協働的な学びは，どういうふうに髙橋先生の実践の中でかかわっているのでしょうか。

高橋　個別最適な学びは教師の授業づくりというイメージです。協働的な学びは，そのつくられた授業の中で，子ども同士がかかわり合いの中で学んでいくというイメージで捉えています。指導の個性化は，教師がデザインし，学習の個性化は，子どもたちが選ぶという感じですね。それで，協働的な学びというのはそれらをごちゃ混ぜにして，みんなで達成していこうという感じです。

赤坂　今の話を聞いていると，髙橋先生の言う2つの学びの立体的な充実とは，共通の課題をみんなで達成するという協働的な学びのプロセスの中に，個別最適な学びが入り込んでいるのではありませんか。

高橋　そうです。そうです。

赤坂　複合図形の面積の出し方を，全員が説明できるようになろうという，大きな課題を出して，そこに向かって子どもたちが学習していくそのプロセスに，自分で探究する子，仲間と相談しながら探究する子，先生に教えてもらいながら探究する子，タブレットを使ってネット上の情報や紙ベースの情報で解決する子，というふうにして道筋が分かれているわけでしょうか。

高橋　そうですね。協働的な学びの中に個別最適な感じですね。

赤坂　最終的にくじが登場して，じゃあ説明してもらいましょう。「○○君どうぞ」と課題達成の確認をするわけですね。

　　　となると，髙橋先生の実践にとって大事なのは振り返りなのでは

ありませんか。

高橋 　振り返り，とても大事にしています。

赤坂 　そうですよね。あそこで僕がどういうふうに勉強してきたのか，どういうふうにわかったのかというところを想起させる，教師側としては，協働的な部分も大事にしているわけですね。

高橋 　振り返りなしに，私の実践はやってはいけないですね。

赤坂 　では，高橋先生にとって振り返りとは何ですか。

高橋 　文部科学省が言っていることそのものです。「どのように学び，どのような学びがあったか」を明確にさせるためのものです。

赤坂 　個別最適化された学びと協働的な学びにおいて，振り返りはとても大事な営みだと考えています。その意味を再度確認しましょう。なぜ高橋先生は振り返りに拘って取り組んでいるのか，そこを言語化してください。

高橋 　やっぱりストーリーですよね。どういうストーリーで自分は力が身についたかを自覚できることがとても大事だと思います。それは私自身が体験的に実感しています。今，私は研究主任をやらせていただいたり書籍なども出させていただいたりしています。また，学校の仕事でもそれなりに成果を出せるようになってきました。そのような力が身についたのは，自分自身が自分自身の教育活動を振り返ったからだと実感しています。教科指導だけでなく，学級経営についても振り返っています。

## 「振り返り」で育てる学級集団

赤坂 　なるほどね。学級経営の話になりましたので，３番目の質問をします。ご自身の実現する学級経営はどのようなイメージをしていますか。学級経営がなぜ大事だと思ったのか，そしてどんな学級経営

をしたいと思っているのか，教えてください。髙橋先生のような，協働と個別の学びが往還するような学級を，どうイメージし，どうつくっていけばいいのかという話をお聞きしたいです。

髙橋　ではさっきの話とつなげて，僕が僕のストーリーで振り返りをすることで，学級経営とどのように向き合っているかをお話しいたします。僕は，ずっと学級経営が下手で，3年目のときに学級崩壊みたいになってしまったことがあります。そしてその学年が終わり，学校を異動したんですね。その異動した年は，とても楽しかったんです。そのとき初めて学校の先生って楽しいなって思えたんです。4年生の担任でした。次の年は，違う学年で，その次の年に6年生の担任を希望しました。この子たちは，先ほど申し上げた4年生で担任した子どもたちです。その楽しかった学年を卒業させたかったんです。ところが，この学級を崩してしまったんです。そのとき，「あれ？」と思って。「これ，どうやら自分が悪いな」ということに気づいて，そこから学級経営について学び始めたんです。これが，僕が学級経営を学ぶようになったストーリーです。

赤坂　先日，授業を見させてもらったとき，本当に子どもたちはよく学んでいました。あんなに素敵なクラスをつくっている髙橋先生が，学級崩壊をしたという話は，衝撃的でした。これはいったい何が問題というか，何か難しいことがあったのでしょうか。

髙橋　教育書に書いてある通りの荒れ方をしていました。僕が完全に威圧とかしていました。最も明確な理由としては，僕が「すごい」と思われたいと思って，教壇に立っていました。ピシッとした姿を見せたいとか，「すごい授業」と思われたいとかです。

赤坂　「こんなにコントロールできるんだぜ」というところを見せたかったのですね。

髙橋　そうです。本当に教科書通りの荒れ方です。そのときはなんで荒れているのかわかりませんでした。その後学級経営に関する教育書

を読んで当時を振り返ると，「学級が荒れることを全部やってたわ」と思いました。「あっ！そのやり方はいけないんだな」ということに振り返りを通して気づいたことから，今も学び続けられています。

赤坂　髙橋先生の学びの中で振り返りが大事だと実感されたことはよくわかりましたが，それが授業における子どもたちの振り返りの重要性とどうつながるのでしょうか。

髙橋　違う例になりますが，私，２年目か，初任の最後ぐらいから算数の板書を毎時間写真に撮っているんです。全部もっています。そのときにおもしろいなって思ったんですけど，３年目のときに，なぜかわからないのですが，授業が上手くいったと感じたときがあったんです。

いつもと同じような授業をやっていたはずなのに，何でこんなに授業がうまくいったのだろうと思って写真をパチっと撮ったんです。そうしたら気づいたことがあったんです。明らかに板書の構造が違ったんですね。その板書の構造が子どもの考えをきちんと並べて引き出すような板書の構造だったんです。たまたまですけど。

「なるほど，これ，板書がよかったからうまくいったんだ。よし，次の時間も同じような板書の構造にしてみよう」と思ったらまた，うまくいったんです。つまり，振り返ることによって，偶発的に生まれた実践を，いつでもできる実践にすることができるのではないだろうか，そういう感じなんです。

赤坂　わかります。うまくいった成功例をその場限りのものにしないための１つの方法が振り返りだったわけですね。振り返ることによって，その教訓みたいなことを抽出して，再現することができたという話ですね。

髙橋　そうです，再現性です。この経験から，振り返ることは大切だと感じていて，いつか子どもにも振り返り活動をさせてみたいと思っていたんです。しかし，忙しさに追われて，そのことは頭から消え

去ってしまいました。それから数年して，文部科学省が「振り返りやろうぜ！」という話を打ち出してきて，「やっぱり振り返りって大事だよね」みたいなことを再認識したというか，背中を押された感じで，日々の授業で積極的に取り入れるようになりました。

赤坂 　高橋先生がご自身の経験から，振り返りが大事であることを認識され，子どもの学びとしても重視していることはわかりました。では，学級経営に関して更に話を進めたいと思いますが，学級経営においては何を振り返ったのですか。

高橋 　僕自身の振り返りは，子どもに対して支配的に学級経営をしていたことです。そしてそれはやっぱり自分本位でした。そうではなく子どもの成長を願う学級経営をしなくちゃいけない，自治的，問題解決型集団とか，そういう学級経営をしていくことを大切にしようと思ったんです。その中で，友だち同士でつながる大切さ，そして，それをデザインすることの大切さに気づけました。

　授業の振り返りでも，友だち同士をつなげる学級経営的なねらいも取り入れています。

　うちのクラスの振り返りの型は２つあるんですけど，これなんですよ。振り返りの型です（写真３）。

赤坂 　「Ａ①いつ②誰が③何を言ったか④気持ち⑤わかったこと」と「Ｂ①今までは②わかったこと③これからは」ですね。

高橋 　この振り返り，すごくいいと感じています。

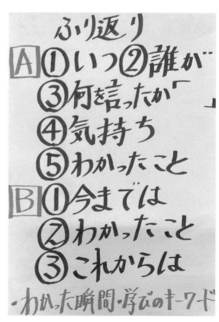

写真３　振り返りの視点

| 赤坂 | どういった感じなのでしょうか。 |
| --- | --- |
| 髙橋 | 例えば，「○○君が，等しい比を使うとできるよと教えてくれたから，できるようになってうれしかった」といったように，友だちから学んだという言葉が入ってくるんです。 |

　この振り返りを読むだけでも友だちとの人間関係づくりにつながってきます。これがAの型です。Bは，「今までは，わかったこと，これからは」という視点です。さっきの，僕自身の経験で「今までこうでした。今回学んだことはこれです。これからは」って振り返ることは，うまくいったことの再現性を高めていくことにつながります。道徳は主にBの振り返りでやっていきます。このわかった瞬間というのがすごく大事だなっていうふうに思っています。

| 赤坂 | 髙橋先生は，振り返りを重視し，授業の中でも取り入れて，子どもたちにやってもらっている。なぜならば，髙橋先生の力量形成の過程において振り返りは欠くことができない営みだったから。自己の向上や子どもの学力の向上をねらって振り返りを重視し取り組んでいるのだという話ですね。その振り返りの観点が，２つということですね。 |
| --- | --- |

　内容知（何がわかったのか，何ができるようになったのか）と方法知（どのように学んだのか）がうまく入っていますね。そしてさらに，これからの展望についても触れるわけですね。

| 髙橋 | AとBが複合することもよくありますね。最近は「どっちかですか？」と子どもに聞かれるので，「両方でもいいよ」と答えています。「今まではこれこれこうだったのだけど，最初の問題のときに，○○さんがこうやって言ってたから理解できた。これからはこうしていきたい」と複合した形で書けるようになってきましたね。 |
| --- | --- |
| 赤坂 | 次の課題の予見をそこでさせるわけですね。 |
| 髙橋 | そうですね。特に道徳で手応えを感じています。例えば，ある子が道徳の時間の振り返りに，「今まで挨拶なんか面倒くさいと思って |

**【自己省察】**
学習が一区切りついた「自己省察」の段階では，学習の成果を振り返る。うまくいったのか，そうでなかったのか，うまくいかなかった原因は何か，それらを分析した結果，現在の学び方（＝学習方略）が不適切だったと判断されれば，次の学習の際に，新しい学び方を取り入れていく。

**【遂行コントロール】**
学習の進行中の「遂行コントロール」の段階では，学習を進めつつ，その様子を俯瞰していく。そして，「自分はこういうところでよく間違えるので，集中的に学ぼう」という意識（＝メタ認知）をもつことで，より効率的な学びができるようになる。

**【予見】**
学習の初期に当たる「予見」の段階では，目標設定や学習計画の立案を行う。この際，「自分には，この期間でここまで学べる力がある」という自己効力感が求められ，興味が喚起されていること（＝動機づけ）が大切。

自己省察　　予見

自己調整学習サイクル

遂行コントロール

図1　自己調整学習のサイクル
（伊藤（2020）をもとに筆者作成）[1]

いたけれども，だれだれ君が朝，先生に挨拶を自分からしていて，そのときに，先生を笑顔にしたいから挨拶をしているということがわかった。これはすごいことだなと思ってこれからは僕も誰かのために挨拶をしていこうと思いました」と書いていました。道徳では振り返りがよく機能しています。

**赤坂**　髙橋先生の実践は，子どもに自己調整方略をもたせるべくアプローチをしているように思います。自己調整方略は図1にあるサイクルを自ら回すことだと捉えています。「予見」「遂行コントロール」「自己省察（振り返り）」，このことで，今の髙橋先生のお話は，子どもたちが，これからどうしていこうかと自分を振り返って，次の目標につなげていくんですよね。つまり，自己省察の後に次の課題に対する予見を始めているようなイメージです。

　また人は，模倣によって学習方略を学んでいくと言われています。

1　伊藤崇達『「自ら学ぶ力」，どうすれば育てられる？ 自己調整学習の専門家に聞く』朝日新聞 EduA
（https://www.asahi.com/edua/article/13340047　2022年2月27日閲覧）

今まさしく道徳のエピソードは，このことを示していると思いました。

高橋　それです。子どもたちの振り返りを読むと，友だちのエピソードを聞いて，「こんなこと考えてたの？」みたいなのがいっぱいあります。そして，僕もやろうみたいなことが書かれています。

赤坂　振り返りを活用しながら子どもたちの自己調整能力を育てているということですね。

高橋　道徳では，そうした姿をよく見ることができます。

赤坂　髙橋学級では子どもたちが，仲間のよい実践を模倣して獲得し，自らを成長させ，集団としても高まっていくのかもしれませんね。集団の成長と個人の成長が往還的にもたらされているのでしょうか。

高橋　うちのクラスの子，そういえば，よく挨拶をします。

赤坂　挨拶をした方がすてきだと学び合っているのかもしれませんね。

## ２つの学びを実現する，哲学する教室

赤坂　質問に戻りましょうか。そうすると，髙橋先生の理想とする学級，つまり，個別最適な学びと協働的な学びを実現できるクラスというのは，模倣ができるクラスということでしょうか。

高橋　模倣よりもうちょっと先ですね。弁証法です[2]。Aという考え方があって，Bという考え方があって，話し合っているうちにCの考え方が生まれた，「それ，いいよね」みたいな感じです。テーゼ，アンチテーゼ，ジンテーゼ。弁証法ですね。

---

2　意見（定立）と反対意見（反定立）との対立と矛盾の働きが，より高次な発展段階（総合）の認識と考える哲学的方法。本来は対話術・問答法の意味。カントは弁証法を「仮象の論理」として消極的な意義のみを認めたが，ヘーゲルはより積極的に，全世界を理念の自己発展として弁証法的に理解しようと試みた。またヘーゲルを批判的に摂取したマルクス・エンゲルスは弁証法を自然・人間社会及び思考の一般的な発展法則についての科学（唯物弁証法）とし，キルケゴールはヘーゲルの量的弁証法に対して質的弁証法を主張した（広辞苑第七版）。

さっきの挨拶もそうですね。「挨拶って気持ちよくなるからっていうけど，きれいごとだよね」と思っていたのが，友だちの意見を聞いて，「大切なことだとわかった」という感じで理解します。そして，それを日常の実践へとつなげていきます。ですので，模倣より上の感覚です。

赤坂
　もう少し詳しく，具体的に語ってみてくれますか。

髙橋
　例えば今，運動会の準備をしてるのですが，子どもたちに「思い出に残る運動会にしたいから応援団に立候補しました」というテーゼがあるんですね。僕はアンチテーゼとして，「思い出に残したいっていう理由で，応援団をしてはいけない！」というのを出します。

　すると「応援ってなんだろう」というふうに考えるきっかけになり，「そうか，応援っていうのは，人を応援するためだ，だから人に頑張れと，勇気を与えられる人になりたい」というジンテーゼが出てくるわけです。すると，勝つための応援が大事だという雰囲気になってきます。

　すると「おいおい何を言っているんだ」と，「勝つための応援より大事なことがあるでしょ？」という，またこの上の方のアンチテーゼを出します。すると子どもたちは「えっなんで？」と言って悩みます。

　「例えば，リレーで転んだ人がいたとする，勝つために応援してたらその人のことどうするの？勝つために応援していたら，負ける可能性が高くなったら非難するかもしれないでしょ」

　こんな話をすると，「だったら，一体応援ってなんだ」と更なる議論が起こります。そこで，「最後までその人が走れるように応援する」という思いが出されます。それに対して「つまりどういうことだ」と疑問が出されると，「勇気を与えられる人になりたい」と，また新たなジンテーゼが生まれてくる，というようなやりとりになってきます。

　このやりとりは，教師の私と，子どもとのやりとりの例でした。このやりとりを友だち同士でやるのが道徳という感覚です。

　こうした弁証法のようなやりとりを子どもたちができるようになってほしいのです。なぜならば，将来のゴールっていうのは自分たちで文化をつくることだと思うのです。あと，答えのない時代がこれからやってきます。答えのない時代を生きるには，よりよい最適解を見つける力が必要だと感じます。また，時代によってテーゼは変わってくるだろうから，そのアンチテーゼが出てきたときに「じゃあこうするともっといい答えが出るよね」みたいなものを自分たちで見つけられる力を身につけて欲しいなとも思っています。

　何よりも，誰かが1つ答えのようなものを言ってしまったら，それが正解になってしまうようなクラスはおもしろくない。ああだこうだ言いながら，よりよい解を見つけるクラスの方が楽しいですよね，単純に。

赤坂　じゃあそうすると髙橋先生の個別最適な学びと協働的な学びを実現するクラスというのは，弁証法が成り立つ，それができるクラスってことなのでしょうか。

髙橋　道徳では，そういう姿が見たいです。

赤坂　それを1つの姿として，学級経営のビジョンで言えば，より高い気づきや価値を磨き上げることができるようなクラスということでしょうか。

髙橋　文部科学省が出した「「個別最適な学び」と「協働的な学び」の一体的な充実（イメージ）」の図，あれに対して批判的な意見もたくさんありますが，けっこうよくできてるなと思っています（p.4参照）。特に協働的な学びのイメージはすごくよくできていると思います。

　図の右側のクラスメイト，異学年，地域の人とか専門家とか，多様な他者との協働っていうのがあるではないですか。これがないと磨き上げられないと思っています。

例えば学級の中で勉強が得意な子もいれば，勉強が苦手な子もいます。得意な子は苦手な子に勉強を教えるのですが，最初はうまく説明できません。あれやこれやと試行錯誤する中で，その子に伝わる方法をつくり出すことができます。

　それってみんな勉強ができるクラスだったら成り立たないわけで，多様な他者，勉強の得意な子がいたり，勉強が苦手な子がいたりとかして初めて成り立つものだと思っています。

赤坂　高橋先生が目指しているのは深い学びのできる教室かもしれませんね。私は深い学びというときに2つのイメージをもっています。1つは，複数のメンバーである物事を多面的に検討し，深堀りしていく形です。もう1つは，みんなで知識の断片をもち寄って，組み合わせることで，大きな知識の総体をつくっていくという形です。高橋先生は，いろいろなディスカッションを通して，いろいろな人たちと新たなる価値をつくったり新たな真理に気づいたりしていく，そうして協働的に高め合っていく集団をつくっていきたいということでしょうか。

高橋　そうです。だからここに書いてあるままなのです。

赤坂　集団の側から見れば，国語でも道徳でも，より高いブラッシュアップされたその解を見つける過程で他者と様々なやり取りをするという協働がある一方で，問題解決の過程で，学習者一人一人に視点を移してみるとAさんにはAさんの，BさんにはBさんの，CさんにはCさんの解決過程が保証されている，そんなクラスのことですか。

高橋　そうですね。なんか自分たちでいい方法を選べると。

赤坂　つまり高橋先生は，他者とかかわりながら磨き合うこと，重なり合うことによって，何らかの高い価値や新しい価値を見つけていく，そういったクラスをつくりたい。

高橋　そうです。それは子ども同士かもしれないし，子どもと教師かも

しれません。僕も子どもの意見を聞いて「あーなるほど」と思うこともいっぱいありますし，教師と子ども，子ども同士もお互いが磨き合える仲間であることが大事だと考えています。

赤坂　その高い価値や今まで気づかなかった真理に行き着くときに，それは教師がお膳立てしたものというよりも，道筋は自分たちで選ぶ，これが髙橋先生の個別最適な学びの姿ですね。

髙橋　そうです。そして，その学びを振り返る，自分の学びとして落とし込むことを大切にしています。

赤坂　その振り返ることで，自分の学びを意味づけたり，次の学びの動機づけを高めたりする。髙橋先生の教育ビジョンの中では，自分の学びの道筋は自分で選び，自分でつくっていく。その道筋をつくる道路工事をするときには，設計図が必要で，その設計図づくりとしての振り返りは欠かせない，という考え方ですね。

## 古きに学び新しき教育の姿をつくり出す

赤坂　最後になりました。髙橋先生，今の取り組みもとてもよかったし，理想的な姿を垣間見ることもできたのですが，髙橋先生がそういった高い価値や真理を追究できるクラスをつくるために今現在取り組んでいることはどのようなことですか。

髙橋　多様な他者と協働できるようになることと，男女問わず誰とでもかかわり合えることです。

赤坂　そのためにやっていることはなんでしょうか。

髙橋　1つ目は，言葉の力を大切にしています。具体的には赤坂先生の「ふわふわ言葉　ちくちく言葉」や，有田和正先生のプリントを渡す際の「どうぞ，ありがとう」，菊池省三先生の「価値語指導」などを地道に実践しています。

2つ目は，子どもたちの主体性を引き出すことです。まだ僕が引っ張ってしまっているところがあり，僕がいないとうまくいかないところがあります。だから，子どもたちの力で学級を引っ張れるようになるために，教師が存在を消すことを心がけています。自分たちで引っ張る方法をとにかく教えて，後は教師が消えて，学級を自分たちで引っ張る経験をさせています。

　3つ目は，「指示，活動，評価」です。

赤坂　具体的に言うと？

髙橋　子どもたちに指示し，子どもたちが活動して，それを「あーよかったね」と評価することです。

　それらを統合して，マネジメントすることを最も心がけています。ドラッカーです。『もしドラ』[3]を教室でやっています。目標を立てて，子どもたちを組織し，やる気を高めて目標に向かって突き進んでいく。そのときに教師の力はできるだけ消していく。マネジメントしています。

赤坂　それを若い先生に伝えるようにして話していただけますか。

髙橋　まず，「どんなクラスをつくりたいのか願いをもちましょう」と言っています。「願い」は会社経営でいうところの「理念」にあたる言葉だと思います。理念という言葉を使ってもいいのですが，学級経営は子どもを育てるというふうに考えたときに，理念って言葉だとなんかちょっと合わないと思ったので，「願い」という言葉を使うことにしました。

　ちなみに，私の願いは「将来を輝かせることのできる6年1組」です。子どもたちには，「今年一年はあなたたちの将来を輝かせるための6年1組にしたいと思ってるよ」と語っています。

---

3　岩崎夏海『もし高校野球の女子マネージャーがドラッカーの『マネジメント』を読んだら』ダイヤモンド社，2009　通称『もしドラ』。主人公の高校生が野球部のマネージャーを務めることになり，マネージャーを理解するためにドラッカーの書籍を読み問題山積の野球部の立て直しのために奮闘する。

| 髙橋 | 　次に，「じゃあ，あなたたちはどんなクラスにしたいの？」って子どもの願いを聞きます。すると，「楽しいクラスにしたい」「いじめのないクラスにしたい」という願いが出てきます。そこから，教師の願いと子どもの願いを合わせて，教室の願いをつくろうって投げかけて，学級目標をつくっています。 |
| --- | --- |
| 赤坂 | 　願いを出し合って目標をつくっているのですね。 |
| 髙橋 | 　そうです。そして，その学級目標に向かって進むために「努力できたり」「他者と協力できたり」することを大切にします。 |

　その「努力できたり」「協力できたりする」ように実現させるためには，可能な限り指導や支援をして，努力や協力をしたら報われるという状態にしていきます。

　また，他者同士をかかわらせる機会を意図的につくるようにしています。前向きな言葉で他者とかかわり合って，信頼関係づくりをして，その信頼関係の中で目標に向かって進んでいくって感じでしょうか。個人を高め，集団を高め，目標に進んでいく感じです。

　そのよい言葉っていうのを「努力」と「協力」の場面で説明します。まず，努力の場面です。どのクラスにも，「だりぃ」「面倒くせえ」「やだ」と言っている子がいますよね。しかし，そこには注目せず，「よしやるぞ！」と言っている子に注目して「こんなことを言っている子がいたよ，先生，嬉しいです」などとフィードバックしています。前向きな言葉を推奨して努力する雰囲気や文化をつくっていきます。

　協力する場面についてです。これもやはり「はぁ，バカじゃねぇおまえ」というようなネガティブな言葉でコミュニケーションをとっている子がどのクラスにもいます。しかしそこには注目せず，他の子どもの言動に「いいね」「最高」とか「あーなるほど。そういうこともあるんだ」とポジティブな言葉を言っている子に注目して，フィードバックします。

赤坂　　髙橋先生の言っていることを聞いていると，ドラッカーの言うマネージャーの仕事そのものだなと思いました[4]。目標設定して，子どもたちをつなげつつ，子どもたちとコミュニケーションを図り，親和的であり適格なフィードバックをし，これが子どもたちの活動に対する評価になっているわけですけど，そうやって目標達成をしながら，子どもたちを育てている。

　　　　髙橋先生の実践は，新しく聞こえるのですけど，取り組んでおられることの基本的な構造はとてもベーシックですね。

髙橋　　ベーシックだと思います。「ドラッカー」とか「7つの習慣」などの昔からの名著や，教育技術も昔から大切にされている技術を組み合わせて，学習指導要領の新しいものに結び付けながら考えています。

赤坂　　髙橋先生の実践の本質は温故知新でしょうか。

髙橋　　そうですね。やっぱり学校で学ぶ意味について考えます。昔，僕が若手のころ聞いた言葉なんですが，「ダイヤモンドは何によって磨くと思いますか，ダイヤモンドです。じゃあ人は何ですか，人です」という言葉が印象に残っています。仲間同士で磨き合える学校にしたいと考えています。

赤坂　　集団で一緒にいる意味というのは磨き合うことなんですね。


【対話を終えて】

　実は，この対話の数日前に，髙橋先生からご依頼を受け，ご勤務校の校内研修をさせていただきました。コロナ禍のため，オンライン研修でした。研修の内容は，髙橋先生の授業のビデオを事前に送っておいていただき，それ

---

4　P.F.ドラッカー著／上田惇生訳『[エッセンシャル版]マネジメント　基本と原則』ダイヤモンド社，2001

を私が分析し解決するというものでした。高橋先生は，研究主任として校内に学級経営を大事にする価値観を広めたいと思っておられました。しかし，多くの学校がそうであるようにご勤務校も多くの先生方の関心の中心が「授業づくり」にあったと言います。インタビューの中にもありますが，高橋先生のご経験からも，授業の質を上げるためにも，学級集団の質向上は欠かせないという強い思いがありました。コロナ禍でも，その思いが小さくなることはなく，いやむしろコロナ禍だからこそ，学級の質を上げ，学校にくる意味を子どもたちと共有したい，そのためには学級経営の研修をしようということで私にご依頼がありました。

　授業はコロナの影響があり，子ども同士の交流はほとんどなく，一斉指導のスタイルでした。高橋先生は適切な行動をフィードバックする達人で，ノートの書き方，手の挙げ方，学習の雰囲気（例えば「先生がテンパっているのにこんなに集中する雰囲気をつくってくれてありがとうございます」など）など，適切な行動を見逃さず，テンポよく承認していました。

　また，特徴的なフィードバックは，意欲に関するものでした。高橋先生は，試したことだけでなく，頑張ろうとしたこと，やろうとしたことも見逃さずに承認していました。例えば，授業後半のドリル学習で，自分の苦手分野の問題にチャレンジしている子に，「すばらしい，自分の苦手なところに再度挑戦しています。これが自分で自分の課題を見つけて取り組む，主体的に学ぶ態度ってやつですね」と声をかけました。子どもが挑戦しようとしているところを見ていたわけです。その先生の声を聞き，他の子もやはり同様に苦手分野に挑戦を始めようとすると，それもすかさず承認しました。高橋先生の声かけは，本人にとっては承認になりますが，周囲の子にとっては，指導や励ましになっているわけです。こうして適切な行動をする子が増えていきました。

　また，インタビューの中で言葉を大事にしているということをお話しになっていましたが，ネガティブな事態をポジティブに意味づけるリフレーミングの達人でもありました。例えば，授業後半でドリル学習をしているときに，

ある子どもが自分のミスに気づきます。するとすかさず、「間違いは、自分のミスに気づき、自分を成長させるラッキーなんですよ。さあ、今、間違いを見つけられた人はラッキーですよ。ラッキー探しをしましょう」と声をかけます。相手は6年生です。テキストだけ読むと、6年生にこんな声かけが通用するのかと思うかもしれませが、そこが髙橋先生のもっている雰囲気なのでしょう。そういう夢を与えるような言葉が、子どもたちにしっかりと伝わっていくのです。きっと普段から言っている言葉であり、そして、髙橋先生が心から思っている言葉だからなのでしょう。日ごろの信頼関係の蓄積の厚みを感じました。そして、圧巻は最後です。授業終了5分前、髙橋先生は作業を止めるよう合図をします。髙橋先生は、授業後半のドリルタイム中に集めた子どもたちの振り返りに目を通し、いくつかの振り返りを実物投影機で映し出しました。以下、授業記録です。


T：集中しているところ大変すみません。ちょっとだけ先生、お時間いただいてよろしいですか。
CC：はい。
T：振り返りを見たんですよ。
　　ステキな振り返りだと思って、皆さんに知らせたいと思ったんですよ。
　　「算数の問題の時で、Aさんに、3.14×40をもう1回やってごらんって言ったらわかってくれました」
　　ステキな学び合いですね。優しいですね。
　　誰のノートかわからないですけど、このノートの人に拍手〜。
　　「B君の式を書くときに、ぼくは、その式がちょっとよくわからなくて、先生に聞こうと思ったけど、K君が教えてくれて、そのとき学習目標を理解しながらよく聞いたらよくわかった」すばらしい。
　　「Cさんが、2だよと間違っているところを優しく教えてくれて嬉しかったです」
　　これも優しいですね。

「Dさんの隣の人がいなかったときに，3人で話そうって，勇気をもって話しかけてみました」
ステキですね。拍手〜。
朝，そういう話しましたよね，いろんな人と話そうって，それが書いてあって「おおっ」って思ったんですよね。
はい，この人もすばらしいです。
「E君が，底面積の出し方を，半径×半径×3.14×高さって間違えていました。でも，E君が間違えてくれたおかげで，半径×半径×3.14×高さではなく，半径×半径×3.14だとよくわかりました」
友だちから学んでいることがこの振り返りからわかります。すごくステキですね。拍手〜。

　高橋先生は，子ども同士が交流できない時間帯は，子どもたちの適切な行動や意欲を承認していましたが，振り返り場面では，主に他者への関心を示した子どもたちを承認していました。ここに，コロナ禍で子ども同士の交流が厳しく制限されている中でも高橋学級が解体の方向に向かわない秘密が隠されているように思います。人と人のつながりをつくっていくのは，交流活動ではありません。「他者への関心」です。これをアドラー心理学の創始者，アルフレッド・アドラーは，「共同体感覚」と呼びました。共同体感覚は，子どもたちの精神的健康のバロメーターだと言われます。
　高橋先生は，弁証法のようなコミュニケーションが成り立つクラスを願って，交流制限がかかっている状態でも，常に子どもたちの意識を他者に向かわせていることがわかりました。高橋先生のねらうような，真理の探究のための対話ができるクラスでは，互いが言いたいことを言い合いながら，互いが互いを磨き合うことでしょう。そうした環境では，協働的な学びと個別最適な学びなどと肩肘張って構えなくても，そうした学びが「自然な形」で一体的に充実していくのではないでしょうか。
　高橋先生の授業中の声かけは，あたたかで柔らかです。また，その立ち居

振る舞いもかなりにこやかで「圧力」とは無縁です。その先生がかつては威圧的な指導によって，クラスを荒らしてしまった。学級経営に悩む先生が，威圧的な指導をやめて，あたたかでにこやかにしたらクラスはうまくいくのかというと，学級経営の研究からの知見で言うと，そうはなりません。学級集団が成り立つ基本原則は，今もかつても，ルールなどの共通の行動様式の共有と，役割レベルだけでなく感情レベルで交流できる関係性があることです。これらはどちらが一つ欠けても集団として機能が低下します。高橋先生が変えたものは，ルール機能の徹底の仕方であり，そのものをなくしたわけではありません。

　もちろん，高橋先生が目指すクラスの姿によってルールの内容そのものも変わっていると思います。その具体は，本文中の写真等に示されています。高橋先生は，フィードバックを大事にしています。ああしましょう，こうしましょう，という仕方でルールを伝えるのではなく，掲示物などを使い最低限の教示をして，あとは子どもたちの動きをよく見て，できているところ，がんばっているところを小まめに見つけて子どもに伝えるという指導に変えたのではないでしょうか。ただ，やたらと褒めているのではないのです。教師の成長論として読んでも，とても示唆に富むインタビューだったと思います。

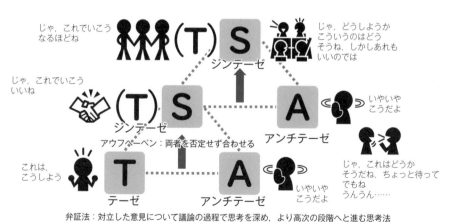

図2　髙橋氏の学級経営のイメージ

# 協働的問題解決を回すため，教師は最初の火をつけ，笑顔で延焼させる

対話者 ： 深井　正道
（ふかい　まさみち）

　埼玉県小学校勤務（15年目）。「自分から進んで学び，活動する」「本気の姿」の子どもの育成を目指し，学級経営を中核としたカリキュラム・マネジメントや教職員のチーム化に関する研究や実践に取り組む。研究主任，教務主任などを担当。子どもが安心して生き生きと活動できる環境づくりに向けて，教職員・保護者・地域の方を巻き込んだ「子育てシンポジウム」を開催した。学級経営のノウハウを活用し，教務主任として職員室づくりに参画するとともに，「校内指導主事」の役割を期待され，授業，学級経営等の支援にあたる。平成29年度埼玉県連合教育研究会研究論文佳作。

# 個別最適な学びとは自己調整学習の保証によって実現される

赤坂　深井先生は30代前半から自治体の中心校と呼ばれる学校で研究主任を務め，校内研修としてはユニークなテーマを設定し，自ら実践をして範を示しながら数年がかりで全校職員，保護者を巻きこみ研究会も成功させてきました。今もお若いですが，もっと若いころから学校の教育力を上げることを意識してこられました。深井先生が推進してきた校内研修には，協働学習は欠かせないものだったようですが，そんな深井先生に個別最適な学びと協働的な学びについて聞いてみたいと思います。まず，個別最適な学びとはどのような学習のことをイメージしていますか。

深井　まず，子どもたち自身が成長したい姿をもっていて，それに向けて自分に適した課題をもつことができ，その課題の解決に向けて自分で学習内容や学習方法を選択することができること，そしてその課題を解決している中でも時々振り返りながら，内容や方法，時には課題そのものを修正することができること。また，一段落ついたらどれぐらい自分が成長できたかということを自分自身で捉えることができて，次に成長するためにはどんなことが必要か，課題設定ができること。

　一人一人がそういった学びができることが，個別最適化された学びだと考えています（図1）。

赤坂　子どものなりたい姿があって，そこに向かって子ども自身が課題を設定し，教師がそこに関与することもあるだろうけど，そこに向けた解決方法を選択し，解決していく。その過程の中で，子どもたちは小さな振り返りをしたり修正したり，自己調整しながら課題達成に取り組む。その後にまた振り返って，この学びはどうだったか

```
個別最適化された学びとはどのような学習か

・成長したい姿をもつ
・それに向け，自分に適した課題をもつ
・課題解決に向け，学習内容や方法を選ぶ
・時々振り返って，内容や方法，課題等を修正する
・成果を明確に捉え，次の課題設定をする
```

図1　個別最適な学びのイメージ

な，この課題達成はどうだったかな，自分にとって大切なものは他に何かなと，次の課題に向かっていくってことですね。

深井　はい，そういうことです。

赤坂　具体的な実践に即して言うとどうなりますか。

深井　学級がスタートしたときに，子どもたちにどんな人間になってほしいのか，どんなクラスになってほしいのかを語っています。そのときによく言っているキーワードは「ホット」です。2つの意味があって，1つ目は心の温かさという意味です。心が温かい人，そういうクラスになってほしいということです。

　もう1つは，熱い想いや本気という意味です。何にでも本気で取り組め，そして本気で取り組む人を応援できるような人，クラスになってほしいということです。「先生はそれに向けて一緒に頑張りたいし，みんなを応援していきたい。でも，ホットではないと思ったときは，先生は叱るよ。これから頑張っていこうね」，と話をします。

　私は，ゴールデンウィークが明けるまでは，学級目標をつくっていません。その間に，子どもたちとの関係性を丁寧につくっていったり，おうちの人たちの願いを聞いたりします。また，授業や生活のさまざまな場面を通して，私の願いを少しずつ子どもたちが具体

的にイメージできるようにしていきます。そして，5月中旬にみんなで目指したいキーワードを決めて，目標を明確にするという感じです。

**赤坂** そのように子どもたちにゴール像を示して，共有しますよね。それを受けて，子どもたちは課題設定をするのでしょうか。

**深井** 生活づくりの課題設定は，学活のクラス会議で行います[1]。お楽しみ会をしたい，係をつくりたいなどは，すぐ出てきますが，もっとクラスをよりよくしたい，困っていることを解決したいという視点は，最初のうちはなかなか出てこないです。そのため，「もうちょっとこうなったらいいのに」とか，「こういうところがおかしいんじゃないかな」という子どものつぶやきを大事にします。掃除のこと，給食の配膳のこと，個人の悩みのことなどです。

**赤坂** つぶやきを課題にするところは，学級会やクラス会議の実践者は苦労するところですよね。子どものつぶやきや問題意識をどうやってこの学級の課題とするのか，クラス会議の議題にするのかというプロセスを教えてください。

**深井** 最初は徹底的に子どもたちの中に入ります。休み時間は，子どもたちと一緒に過ごします。教室にいることが好きな子もいるので，教室で過ごすこともありますが，「みんなで外で遊ぼう」と言って外に連れて行って遊んだりもします。すると，いろいろな子どもたちの姿が見えたり，言葉が聞こえてきたりします。

　給食のルールや掃除の当番表などを示したとしても，どんなクラスでも何かしらの問題は起きます。「○○さんが掃除をやらない」と

---

1　子どもたちの民主的な話し合いにより，仲間の個人的問題や集団の生活上の諸問題を解決する活動。理論的ベースにアドラー心理学がある。
　（ジェーン・ネルセン，リン・ロット，H・ステファン・グレン著／会沢信彦訳／諸富祥彦解説『クラス会議で子どもが変わる　アドラー心理学でポジティブ学級づくり』コスモス・ライブラリー，2000）

訴えてきたり，浮かない顔をしている子どもが出てきたりします。そういう訴えがきたり，子どもを見つけたりしたら，まず話を聞きます。そして，子どもの主訴を捉え，それを解決するためにはどうしようかと話をします。

深井　「先生に指導してほしい」と言われれば，内容にもよりますが，「それはもちろんいいよ。でも，他にも解決方法はあるかもよ」と選択肢を与えるようにします。「自分で言ってみる方法があるよね。それでダメだったら先生に叱ってもらうという方法もあるよね。他にも，友だちに相談する方法もあるよ。例えば，今度クラスのみんなで話し合ってみてもいいんじゃないかな」と言います。すると，「そんなことを話し合っていいんですか」と，子どもに言われるので，「そういうのが学級活動の時間だよ」と教えてクラス会議を立ち上げていきます。1週間も過ごしていれば，そういう機会は出てきます。

　また，練習として「先生は○○が嫌いだけど，どうしたら食べられるようになるか」を議題とすると，子どもたちは面白がって解決策を出してくれます。その後，クラス全体にかかわる議題として，子どものつぶやきを議題として設定します。

赤坂　なるほど。それで，子どもたちの課題設定がされました。解決に向けての方法の選択とはどのようにしているのですか。

深井　クラス会議で言えば，解決策をたくさん出すこと，物事を多面的に考えることの大切さを教えます。また，1週間後を目安に振り返りをして，うまくいっていなかったら別の解決策を選んでチャレンジすればいいこと，もう1回話し合ってもいいことなどを教えます。

　生活づくりの話ばかりしているように思われるかもしれませんが，実は，ここまで話してきたことは，教科の学習でも基本的には同じです。

赤坂　そこを教えてください。

# 生活づくりと授業づくりは同じ原理

深井　最初に，問題が起きる場面を設定します。子どもが「あれ，おかしいな」とか，「なんだろう，これ」と思うような資料や問題を出します。教科書の教材で問題が出にくいと思ったら，教材の出し方や資料を少し工夫したりして，子どもが「あれっ」と思うような場面をなるべくつくります。そして，「これを見て，どんなことを思う？」，「どこか変だと思うことある？」，「前まで勉強してきたことと比べてどう？」とか言って，さらに「ちょっと隣の人と相談してごらん」と言い，そのときに出てくる子どものつぶやきを拾います。そして，「こういうところが今までと違うね」，「こういうところがなんか変だね」と，どんな問題なのかをはっきりさせて，「どうやったらわかるようになるかな」と，みんなで課題設定をしていきます。

赤坂　今の話を具体的な教科指導の場面を例にして話してもらえますか。

深井　例えば4年生の算数のわり算で，3桁÷1桁の筆算で百の位から商が立つ問題を学習してきた状況で考えます。今までよりもわる数が大きくなると，「あれ，百の位の数をわる数でわれない。商が百の位に立たないぞ」というところで，問題が発生します。

昨日までの654÷3だったら，単純に商を左の一番大きい位から立てていけばよかったのに，今日の478÷9だと，「あれ，昨日と同じ方法ではできない」，「百の位に立てなくてもいいのかな」みたいに，そこでちょっと考えさせて，子どもに気づかせる。それが最初の問題発見です。問題をパッと示して，「気づいたことを言ってごらん」と相談させて，さっきのようなことを子どもが全体の場面で言い出したら，「そうだね。これは百の位に商が立ちそうにないよね」と。

そして，「ここが困った場面だから，こういうときにどうすればいいか今日は解決しよう」と言って，黒板に「百の位に商が立たない

ときのわり算の計算は，どうしたらいいか説明しよう」と書きます。この問題を捉えて，最初の課題設定する場面がとても重要で，どこに向かって一時間学習すればいいかをはっきりさせます。

深井　45分間の授業だと，最初の10分か12分でやらないといけないので，テンポが大切です。そうしないと，苦手な子にとっては残りの30分間がちんぷんかんぷんになったり，得意な子はただ速く解くことだけになってしまったりして，みんながバラバラになってしまうからです。

赤坂　深井先生は前任校の研修でも，「〜が説明できるようになろう」とか「俳句をつくることができる」など，学習課題は具体的な形で示していましたね。学習課題の設定に向けて，丁寧に子どものつぶやきを練り上げてつくっていくというイメージですね。そういう中で，学級活動でいう議題の共有化みたいなことをやっているのですね。

深井　はい，そうです。

赤坂　そこから，問題解決に入るわけですね。

深井　先程の場面で考えると，それを解決するためにどんな方法があるかを振り返ります。数直線，図，言葉など，考えるためのツールを確認してから，「じゃあ，考えてごらん」と言います。

　基本的には，まずは自分で考えるように言います。自分がその課題に向き合ってみたときに，何とかできそうなのか，あるいはどこまでわかっていてどこからわからないのか，それとも全然わからないのか，と自分の状態を知るために，まずは考えてごらんと言います。

赤坂　問題解決に対する「見通し」をもつという時間ですね。

深井　解けたら，私も見たりはしますけども，解き終わった人同士で，相談してごらん，お互いの解き方を見合ってごらんと促します。立ち歩いていいよと言っているので。自分で考えてみてもよくわからない，そもそも何がわからないのかがわからないみたいな子には，

「立ち歩いている子を呼んで聞いてごらん」と言っています。「ちょっとここがわかんないんだよね」，「さっぱり意味がわからないんだよね」と。聞かれた子には，聞いた子は何がわからないのかを考えながら聞くように伝えています。

　そして，話を聞いた上で，その子が知りたい，わかりたいと思っていることに対してヒントを出してごらんと伝えています。また，10分くらい解く時間があったら，「自分がやったことを3人に説明してごらん」と言っています。しかし，1人の子にじっくり教えるのでも構いません。大事なのは声をかけ合うことです。わかったりできたりしたら教えてあげる。そして，わからなかったら助けてと言う。その助けてと言える雰囲気をつくれているかどうかが，クラスで重要です。

　ちょっと話がずれるかもしれませんが，私は今，教務主任ですが，実は自分の持ち授業は決まっていないのです。1年前の着任時に，校長先生から「校内指導主事のようになってほしい」と言われました。「学校を見て，必要だと思ったクラス，必要だと思った授業に入ってくれ」と，「時間割を全部自分でつくりなさい」と言われました。

**赤坂**　超実践的指導主事ですね。

**深井**　だから，なるべくいろいろなクラスを見に行くようにしています。コロナの休校明けは，感染対策も兼ねて，健康観察簿を取りに各クラスをまわっていました。そこで子どもたちの様子を見て，一声かけることを，2ヶ月間繰り返しました。そこで，私のことを覚えてもらって，私もクラスの雰囲気を感じるようにしていました。

　全学年，多くの教科で授業をしたりサポートに入ったりしましたが，これまで話してきた学習方法はクラスの雰囲気が重要です。今，単発でこれをやったら，逆に雰囲気を悪くするなと感じる場合はできないですね。

**赤坂**　深井先生の話だと，今紹介してくださったような学びの過程ではそ

のクラスの学級経営に大なり小なり影響を受けるということですね。

深井　影響大です。

赤坂　問題解決の課題が決まりました。それで，自分で考えて見通しをもった上で，できた子ども同士が喋り合ったり，立ち歩いたりしながら学びのパートナーを見つける。時には助言してもらうこともあり，教えることもあり，質問したりすることもあったりするわけですね。すると，そこで全く人とは会話しない子もいるということですよね。

深井　そういう子もいますね。

赤坂　問題解決の時間は，一人で考える子もいれば，友だちに支援している子もいれば，支援してもらっている子もいる。そこでは，いろいろな学習方略を展開している子が同時に存在しているということですね。

深井　基本的には赤坂先生がおっしゃったような形です。一場面を切り取れば，他の子と会話してない子はいますが，そこには学び方のルールというか，約束があります。**授業開きのときに，例えば，一人で学んでもいいけど，誰かに助けを求められたら，必ずそれに応じてねと伝えています。**

赤坂　もう少し詳しく教えてください。

深井　伝える約束は，①やってみて困ったら助けを求める。②助けを求められたらそれに応じる。③困っていそうな人がいたら声をかける。④一人でやりたいときは一人でやっていい。⑤相手が今どんなことを助けて欲しいのかを考える。

赤坂　すごく大事ですね。助けを求められたら応じる。困っていそうな人には声をかけてみよう。一人でやりたい人は一人でもよし。相手が何を求めているかを考えよう。相手のニーズに応じた支援ですね。

深井　そのために，協働のスキル，価値，態度などをクラス会議で教えていきます。例えば，「話を聞くときに否定から入るのはやめよう」

とか。

赤坂　今の深井先生のスキルで言うと，まず相手を否定せず受け入れよ
うということですね。それで問題解決をして，振り返りですね。ど
のようにして振り返るのですか。

深井　どれぐらいできるようになったのかという達成状況を確認する場
面がないと正確な振り返りができないので，例えば算数なら練習問
題をやってから振り返りをします。練習問題をやらないで振り返り
をすると，価値が薄くなると思います。そして，45分間の中で何が
わかるようになったのか，何ができるようになったのかということ
を言語化します。

赤坂　所謂，内容知の振り返りですね。

深井　もう1つポイントがあって，それは，どんなふうに学習したらそ
れができるようになったのか。どのように友だちとかかわったら，
それができるようになったのかという点です。これらの振り返りの
仕方は，全教科に共通しているので，掲示で示したりもしますね。
さっきの学習ルールも同様です。

赤坂　2点目は，方法知の振り返りですね。

深井　振り返りは，その日のうちにチェックしてしまいます。5分もあ
れば，どれぐらい達成したか確かめられます。休み時間の間に見て，
メモだけしてノートを返してしまいます。

赤坂　この振り返りを次の授業や次の課題に生かすためにはどのような
働きかけをしているのですか。

深井　次の最初の場面で，前時でどんな学習をしたのかにふれます。こ
れは，クラス会議で言うと前回の解決策の振り返りです。教科指導
で言うと前回の学習内容の復習です。次の課題につなげるために，
例えば算数だったら，宿題でやってきた計算ドリルで多くの子が間
違えていた問題を次の授業の最初に一問取り入れてみるのも1つの
方法です。

赤坂　深井先生の学習過程には次の時間への接続もシステム化されているということですか。

深井　そうですね。次の時間の導入で，前時の練習問題をあえてやってみたり，上手に振り返りをまとめられているものを見つけたら，それを取り上げたりします。

## 「足場がけ」を子ども同士で行う

赤坂　だいぶイメージができました。では，2つ目の質問に入ります。今のお話には，協働的な学びの部分もかなり入っていたと思うのですが，協働的な学びとは，どのような学びのことをイメージしていますか。

深井　1つ目は，インプットしたことをアウトプットして，そのことによってインプットを高める学びだと思います。学習指導要領で言うと，インプットした知識・技能を活用（アウトプット）して，それがさらに自分の知識・技能を高めるというイメージです。2つ目は，社会や他者に目を向ける，関心をもつための学びだと思います。学習指導要領の学びに向かう力，人間性等を養う部分です。3つ目は，愛着形成や信頼関係づくりの場となって，それらを通してレジリエンスを獲得する学びだと思います。心を充電して，次の学びに向かっていくのです。

この3つのイメージをもっています（図2）。

赤坂　それをどのように実現しているんですか。

深井　まずインプットを高めるというのは，アウトプットすることが重要なので，意見交換するときも必ず全員発言するようにと伝えています。クラス会議でも輪番発言を通して発言の対等性を教えるのですが，各教科の授業でも同じです。最初は子どもたちに，「30秒ぐら

## 協働的な学びとはどのような学習か

・インプットしたことをアウトプットする。そして，インプットを高
　める　　　　　　　　　　　　　　　　【知識・技能と活用の往還】
・社会や他者に目を向ける　　　　　【学びに向かう力，人間性等を養う】
・愛着形成や信頼関係をもとに，レジリエンスを獲得する

　　　　　　　　　　　　　　　　　　　　【他者及び自己との関わり】

図2　協働的な学びのイメージ

いで話してごらん」のように目安を示し，そういう時間を意図的に
つくっています。

　それから社会や他者に目を向け，関心をもたせるためは，先ほど
話したような学び方のルールを最初に教えます。そして，「一人とか
一部の人だけが力をつけるのではなくて，みんなでできるように学
習していこうね」と。「誰かができるようになったらもちろん先生は
嬉しいんだけど，みんながができるようになったらもっと嬉しいと思
う」と語ります。

　全員ではなくても，一人でも多くの子どもが同意してくれればい
いです。

赤坂　それが2つ目の，社会や他者に目を向けるということですね。

深井　そうです。「自分一人だけがわかるようになるのではなくて，みん
ながわかるようになろうね」，「困っていたら，寄り添ってあげてね」，
「声をかけてあげてね」などと投げかけ，誰かの悩みに寄り添うとか，
誰かが自分に寄り添ってくれるというような体験を学習場面でもす
るのです。そして，自尊感情が低い子とか感情コントロールが難し
い子とかには，「○○さんと一緒にできるようになったね」，「○○さ
んに聞くことができたね」などとしっかりフィードバックすること

図3　協働的な学びの学習過程

が重要です。

深井　そうやって，協働の価値を実感させていくのです。助けてくれた子にも，「○○さんのおかげで，□□さんができるようになったよ」とフィードバックしたり，協働しているときにその姿を積極的に認めたりするようにします。そういった教師の言葉がけが大切なので，その場面を見つけるようにしています。

赤坂　そうやって強化しているわけですね。

深井　はい，そうです。

赤坂　インプットとアウトプットの往還による２つの営みの質的向上，社会や他者に目を向けること。そして，３つ目の愛着形成や信頼関係及びレジリエンスの獲得というのは，深井先生の協働的な学びの目的であり効果ですね。

深井　そうです。

赤坂　深井先生のおっしゃる学びの過程の中では，それらのことを同時にねらっているということでしょうか。

92

| | |
|---|---|
| 深井 | そうです。 |
| 赤坂 | 深井先生の学級や授業の場合，課題達成の過程で，人とふんだんにかかわりますよね。 |
| 深井 | はい。 |
| 赤坂 | 当然，インプットとアウトプットの往還の中で知識や技術の向上が図れるだろうし，同時に，「自分を高めるだけではなく，他者や社会に目を向けようね」と言ってるわけですね。 |
| 深井 | そうです。 |
| 赤坂 | 先ほど示していただいた学習のルールが既にそうした構造になっていました。そうした中で，愛着や信頼関係形成にかかわる適切な行動，例えば，誰かと協力したり，誰かが誰かを応援したり，思いやったりしたことに対して，「それはとても素敵なことだね」と意味づけをするわけですね。 |
| 深井 | はい。 |
| 赤坂 | そうすると，深井先生の中では，協働的な学びと個別最適な学びというのは分離しないどころか，表裏一体のような感じで，1つの営みの中で同時達成されていくものだと考えているわけですね。 |
| 深井 | そうですね。やはり分離はしないですね。 |
| 赤坂 | 個の学習者から見れば，自分のやりやすい学び方で学んでいるわけですからそれは，個別最適な学びだろうし，教室全体で見渡せば，子どもたちがあちこちで協力して問題解決しているわけですから，それは協働的な学びということになりますね。 |
| 深井 | そうですね。 |
| 赤坂 | では，あえて聞きます。個別最適な学びを行うときに，深井先生にとっての「最適」とはどういう意味ですか。 |
| 深井 | ヴィゴツキーの発達の最近接領域でいうところの，もうちょっとでできるというような課題，自分にとってそれに向けて学べたり活動できたりする状態が，その人にとっての最適な学びの状態かなと |

思います[2]。決して簡単すぎるわけでもなく，難しすぎてチャレンジできないわけでもなくて，それに向けて頑張れるような状態。遠くにゴールは見えているけれども，それに向けて試行錯誤ができる面白さがあったり，一人ではできない課題だったりするというイメージです。

赤坂　そうは言っても，子どもから見たら，もうちょっとでできる課題が何か，なかなか判断がつかないのではないでしょうか。例えば，逆上がりで考えたときに，周りから見たらこの子はもう少しでできそうと思っているけれど，本人は無理だと考えている場合もありますよね。

深井　そうですね，そういう子もいますよね。例えば，逆上がりの場合は，できるようになるための道筋をスモールステップでカードや掲示物で示しておきます。いきなり最終段階のイメージをもっていることもあると思うのですが，その子が第1段階にいるとするならば，カードを使って，「こうやって練習していけばできるんだよ」とステップを示してあげます。

　そして，「第2段階のところを目標にやってみようか」と，その子の目標設定を一緒に助けます。目標設定の手助けは，教師が行ったりもしますが，子どもたち同士で行ったりもします。さらに子どもたち同士で，その達成に向けて助け合いもします。だから，他者の目標設定を支援できるような子どもを育てていくことも大事なのです。

赤坂　それを聞きたかったのです。具体的な授業場面で説明をお願いします。

---

2　最初の知能年齢，つまり子どもが一人で解答する問題によって決定される「現下の発達水準」と，他人との協同の中で問題を解く場合に到達する水準＝「明日の発達水準」との間の差異が，子どもの〈発達の最近接領域〉を決定する，とヴィゴツキーは主張した。（柴田義松『ヴィゴツキー入門』寺子屋新書，2006より）

深井　体育の学習はわかりやすいです。例えば，跳び箱の開脚跳びです。踏み切り，着手，空中姿勢，着地という４つのポイントが基本的にはありますが，それぞれのどんな踏切がいいのか，どんな着地がいいのかを，最初に全体で共有します。そのために掲示物も用意します。

赤坂　それは，教師からの設定ですね。繰り返しになりますが，そうは言っても，自分でうまく課題設定できない子もいるわけです。そこをどうやって，子どもが「できるぞ」と思えるようにしていくのですか。

深井　私は，子どもたち同士で見合う場面を必ずつくります。その見合う場面では，目標を焦点化します。どんな開脚跳びを目指しているのかという共通のゴールをもつこと，つまり焦点化してそれを共有化するのです。ゴールのイメージがバラバラだと，お互いのアドバイスもバラバラになってしまいます。

　また，その子が今どこで悩んでいるのかというところがわからなくなってしまうので，目標とするところを示してあげるのです。例えば，踏み切りを課題にしている子が，「大きな音を立てて踏み切りをしたい」と個人の目標を立てて練習しているときに，踏み切りはどういうことが大事なのかとわかっている子がいれば，ドーンと音を立てることではなくて，一歩前の補助踏み切りが大事だからそれを目標にしたほうがいいと，言えるようになると思うんです。

　「ドーンと，確かに音がなっているよ。だけど，跳べてはいないよね。だから，もしかしたら踏み切り板の前の１歩が大事なんじゃないかな」みたいに言えるといいですよね。ここまで上手には言えなくても，「（その子の目標に対して）それじゃないんじゃないかな」と言えればいいですよね。だから，そういったことを言い合える関係をつくっておくこと，アドバイスのポイントが焦点化されて明確になっていること，みんなの目標とする方向が整っていることなど

を意識しています。

深井 校内研修も同じですよね。目指す子ども像や学校の課題などは，職員が具体的にもてるようにしていました。

赤坂 ちょっと整理しましょうか。例えば，開脚跳びができるという目指す姿を明確にして共有する。そこに向かっていくつかのステップがありますが，踏み切りの場面だけで考えてもその子の跳べない理由は何かがあって，その課題を仲間同士で助言し合うということですね。

深井 そうです。

赤坂 こういうのは，足場かけ（スキャフォールディング）と言ったりしますけど，この足場かけを深井先生の授業のイメージで言うと，先生だけが設定するのではなくて，子どもたち同士で話し合うことによって設定していくこともあるということでしょうか[3]。

深井 そうです。それを先生だけがすべてやろうとするのは，難しいと思いますし，私は違っていると思います。教師と子どもが一緒に行う，教師もスキャフォールディングの一部です。算数の少人数指導の配置でも限界があります。一部の子だけ，先生だけがやるというのはもう無理な時代だと思っていて，学級づくりなどのチームづくりにおいては，みんながリーダーにならないといけないと思います。

赤坂 つまり，子どもたちが目標達成に向けて，必要な支援，支援者や条件を自分で選択できるということですね。これが最適なイメージですね。

深井 そうですね。だから複数の支援者が必要だと思っています。

---

3 スキャフォールディングとは，子どもが新しい理解・概念・能力を発達させようとするとき，教師が行う一時的で体系的な支援＝足場づくりのことを指す。

# 教師は火つけ役

赤坂　では，深井先生が今のような個別最適化された学びと協働的な学びを実現するために，学習のルールを伝えること以外に学級経営で取り組んでいることは何かありますか。

深井　はい。1つ目は，アセスメントを徹底的にすることです。職員室づくりも同じです。新しい子どもたちと出会ったときや異動したときは，特に必要です。観察したりお喋りしたり，いろいろな自分なりの調査結果を参考にします。また，最も大切だと感じているのは，そのクラス，その学年，その学校が抱えている「歴史」を知ることです。

赤坂　「歴史」ですか。

深井　去年までどういった指導を受けてきたのか，特に重要なのが，どんなところで傷ついてきたのかということです。その部分を知らなかったり，見ようとせずに自分のやり方だけを出したりすると，余計に反発を受けることもあって，逆効果です。

　今の私のポジションだと，非常勤職員の方とも短時間であっても，会話をして情報収集をするように心がけています。そうすると，いろいろな学級や子どもたちの様子がわかるので，学級支援が行いやすくなるのです。私は，そういった方々とともに，学級支援チームをつくっていると勝手に思っています。

赤坂　なるほど。

深井　2つ目は，信頼を得るということです。これがないとリーダーシップを発揮できません。そのためにも，とりあえず訴えを一度受け止めるようにしています。一旦受け止めて，その子が一体何を聞いてもらいたいのか，どのようにして欲しいのかという主訴を捉えます。職員の場合も全く一緒です。

そして３つ目は，リーダーシップを発揮することです。リーダーシップを発揮できる場面になったら，全体の目標を設定します。学級目標だったら，学級開きで教師の願いを語って，その後，子どもたちや保護者の方の願いなども入れながら５月につくるので，そこまでに自分のリーダーシップを発揮できる環境を整えておくことは重要です。学級目標を受けて，子どもたちは個人の目標設定をします。目標については定期的にリフレクションを促し，勇気づけます。

深井

　４つ目は，教師のスタンスです。私のスタンスは「存在をみとめる，成長をよろこぶ，活動をみまもる」です。また，そのスタンスを表す言葉として，「ありがとう，できたね，大丈夫だよ」とか，「頼りになるね，すごいね，助かったよ」などの言葉を連発しています。

　５つ目は，感情の管理にコストをかけるということです。管理職も同じだと思います。管理職って，ルールの管理とか法規の管理も当然大切なんですけども，職員の感情の管理が重要だと思うんですね。これは，教室も一緒で，先生というのはやっぱり子どもたちの感情を管理することが大事な仕事だと思うのです。

　６つ目は，ルールづくりを一緒にすることです。基本的なルール設定は，先生がしつけという部分でしなければいけないですが，状況はどんどん変わっていきます。それを管理するだけでなく，更新していくことも必要なのです。そのルールづくりは，そこにいるメンバー，つまり教室なら子どもたちが，職員室なら職員たちがやっていくことが大切で，その場に巻き込んでいくのです。これが，教室だとクラス会議だし，職員室だと各主任を中心とした部会を設定したり声をかけたりしていくということですね。また，誰もがリーダーになれるし，なろうとするような雰囲気をつくっていくこと，そういったやる気を引き出すことが学級経営で大事だと考えています。

赤坂　しかし，最初からそれができているわけではありませんよね。

深井　はい。だから，そういった火種にまず自分がなることです。火種は，ふっと消されたり，踏み潰されたりしてしまえば終わりなので，消されないように周りの信頼を得ることがやはり大事です。そして，リーダーシップを発揮しても許されるような関係性をつくるのです。

　　また，最初は先生がいろいろとやることが大事だと思うのですが，ずっと先生だけがやっているのでは，先生がいないとダメなクラスになってしまいます。それに，発展もあまりしないでしょう。これは，職員室でも同じです。一人だけで取り組んでいても，自分が異動したら終わりになってしまうので，自分一人だけではダメなのです。だから，次の新しい火種を育てていくということが重要なのです。

---

① 多面的，徹底的にアセスメントする
　　→ 観察，おしゃべり，資料や調査結果，歴史や背景
② 信頼を得る
　　→ 訴えを受け止める，主訴を捉える
　　　 五感を共有する，課題解決する，FB（勇気づけ）する
③ リーダーシップを発揮する
　　→ 全体の目標設定をする，個別の目標設定を手伝う
　　　 解決の場を設定する，リフレクションを促しFB（勇気づけ）する
④ 存在をみとめる，成長をよろこぶ，活動をみまもる
　　→ ありがとう・助かるよ，うれしいな，大丈夫！・笑顔
⑤ 「感情」の管理にコストをかける
　　→ 管理する立場にいる人（職）はこれが一番大事な仕事
⑥ 「ルール」の管理や更新は子どもたちを巻き込む

**図4　学級経営で大事にしていること**

| 赤坂 | 「つけ火」をするということですね。 |
|---|---|
| 深井 | そうです。北森先生の言い出しっぺを大事にすると同じような意味ですね[4]。そして，そういった状態になっているかどうかというのは，メンバーが自然と笑えているかどうかが基準だと思っています。 |
| 赤坂 | つまり，笑顔が燃料みたいなものでしょうか。教師の笑顔が燃料で，子どもの笑顔がバロメーターってことですね。 |
| 深井 | そうです。 |
| 赤坂 | 今の話は，まず自分が燃えてなきゃいけませんね。 |
| 深井 | そうです。でも，火種だけだとダメです。 |
| 赤坂 | 自分がつけ火していくのですが，火力を増して周囲に延焼させるためには笑顔が大事だということですか。 |
| 深井 | そうです。これまで子どもたちにもらった手紙を読み直していたのですが，自分でもあんまり気づいていなかったのですが，先生は笑っていましたとか，笑顔にしてくれましたとかたくさん書いてくれていたんですよね。きっと，そのときは自分は笑顔でいられたし，そういうのが少しはできていたのだろうなと思いました（写真1）。 |

## 学級集団づくりはチャーハンづくり

| 赤坂 | 最後の質問です。先生が目指しているクラス像，理想について話してください。 |
|---|---|
| 深井 | はい。さっきも少し語ってしまいましたが，クラスでも職員室でも意識しているのが，自然に笑えるという状態です。当たり前と思うかもしれませんが，自然に笑える状態ってありそうで意外とない |

---

4 本書の中で北森恵氏が，学級経営において大事にしていることとして「言い出しっぺ」を育てることを指している（pp.179〜181）。

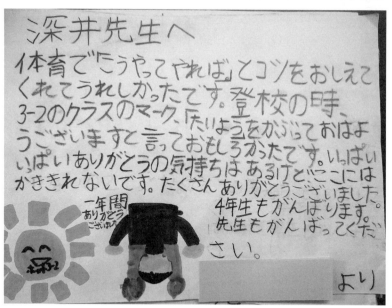

写真1　子どもたちからもらったメッセージ

状態だと思うんです。笑えるということは，そこに安心感があって，居場所があるわけです。また，共有された所属意識をもっているわけです。だから，自然と笑えるというのは，すごくわかりやすい状態だと思います。

深井　あと，前に担任したクラスのニックネームがチャーハンだったので，チャーハンで理想の学級のイメージをつくってみました（図5）。以前，赤坂先生に絶品チャーハンと言ってもらったクラスです。子どもたちと学級目標を決めるとき，子どもたちがチャーハンに決めた理由の中でこんなことを言っていました。チャーハンというのはいろんな具材が混ざり合っているけど，1つ1つの形がちゃんと残っていて，お互いに助け合っておいしいものをつくっていく。だからチャーハンがいいと。チャーハンもクラスも，そこにある素材が，潰れてはダメだと思うんです。形がちゃんと残っていないとダメだと思うんです。

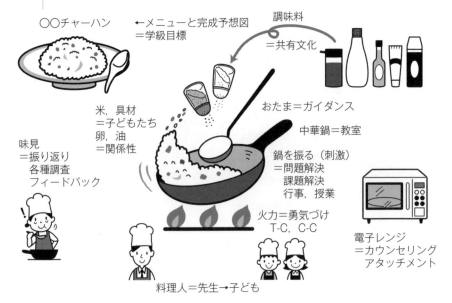

図5　チャーハンづくりをモチーフにした学級経営のイメージ

でも，まとまるときは，まとまる。だからまさにチャーハンだと思いました。そうなると，中華鍋は教室で，そこに入ってくるごはんや具材は子どもたち。チャーハンをつくるときは火力が大事なのですが，それは勇気づけ。勇気づけをするのは，最初は先生だと思いますが，ずっと先生のままではなくて，だんだん子どもたち同士で火をつけ燃やしていく，子どもたち同士の勇気づけにしていくものだと考えます。

　チャーハンの米とか具材ですが，冷凍ご飯が入っていたり冷蔵庫で冷え切っている具材があったりもすることもあると思います。そういうときは，つくるときに電子レンジで温めると美味しくできますよね。それが学級経営だと，カウンセリングとか，愛着形成だと思います。今，幼少期に愛着形成が十分にされてきていない子どもが増えてきているように感じます。だから，思春期に，学校の先生や子どもたち同士で寄り添ったり共感したりできる時間が必要なのだと思うのです。カウンセリングで，チンしてクラスに戻してあげるようなイメージです。

　チャーハンをつくるとき，中華鍋を振ると米がとんでおいしくなるのですが，それは子どもたちがチャレンジしているイメージです。行事や授業などで，問題解決や課題解決をすることが，この刺激の部分です。また，チャーハンづくりでは，米と米が変にくっついて固まりそうになると，おたまでかき混ぜたり調整したりしますが，それは学級経営で言うと教師のガイダンスです。最後に，この料理人は誰かと考えました。

　その結果，料理人は，先生と子どもたちの両方だと思いました。最初は先生の割合が大きいかもしれませんが，徐々に子どもたち自身がこのチャーハンをつくっていくというのが，クラスづくりだと思っています。先生から見れば学級経営と言いますが，子どもたちから見れば学級づくりなので。

| 赤坂 | それでは，深井先生が目指している絶品チャーハンを言語化するとどうなりますか。 |
|---|---|
| 深井 | 1粒1粒がちゃんと残って，引き立っていて，みんながリーダーになれる。いろいろな個性があるけれども，一人一人が活かされていて，でもなんかみんなでまとまっていて，みんなでよりよく，高めていくみたいな感じでしょうか。 |
| 赤坂 | 一人一人が自己実現できるクラスということでしょうか。 |
| 深井 | そうですね。 |
| 赤坂 | 粒が潰れずに周りを引き立て，その中で輝いている，存在感を示しているということでしょう。 |
| 深井 | 目指している姿ですね。 |
| 赤坂 | それが，深井先生の学級経営であり，授業なんですね。 |

## 【対話を終えて】

　深井先生の教育ビジョンは，協働的問題解決サイクルを回すというところで一貫していると感じました。協働的問題解決サイクルとは，「課題設定→解決に向けた方法の選択→課題解決に向けてのトライアル→振り返り」の一連の指導過程ですが，これは学習指導要領における特別活動の学級活動(1)の指導過程とよく似ています。深井先生は，教科指導においては，協同学習の形で実践し，生活づくり，学級経営においては，クラス会議を基盤にして指導されているようです。

　子どもたちはその問題解決の過程で，自分の学んだことや生活の中で得た知恵を活用すること，そして，その解決方法をより効果的なものにするために，情報交換をしたり，助け合ったりしているようです。このような営みは，学習者個人から見れば，必要に応じて，個の時間や協働の時間を行ったり来たりしていて学び方を自分の裁量で最適化しているように見えます。また，それはクラス全体から見れば，問題解決の方法は個人に任されていますが，

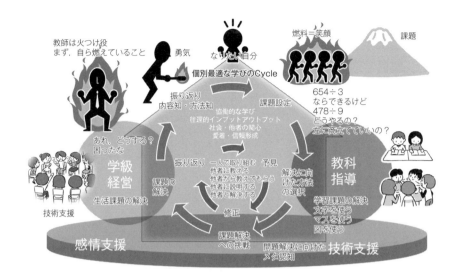

図6　深井氏の個別最適な学び×協働的な学びのイメージ

あちらこちらで大なり小なりの協働が起こっていると同時に全員による問題解決が行われているという状態です。

　深井先生は図3で，協働的な学びの学習過程のイメージを示していますが，私が注目したのは，真ん中の解決への学習・試行錯誤の部分です。深井先生の「キョウドウ」には2種類のキョウドウが示されています。最初は，個人での挑戦から始まり，「協同」が始まります。この段階では，できる，できないの差が開いている状況が想定されています。「協同」では，目標だけでなく相互支援や弱者支援などの心理面の作用が強調されます。

　一方で，「協働」は，対等関与が前提となった目標達成重視の概念です。つまり，深井先生のキョウドウ学習は，協同によって能力の凸凹を緩和し，そこでつけた力で，次のレベルの協働をねらっているところがユニークです。算数の場面で言うならば，例題を助け合いながら解き，全員が解けるようにして，個人で応用問題に取り組むような学習が想定されるでしょう。しかし，その応用でも，できる子とできない子がいたら，またそこで協同すればいい

わけです。

こうして深井学級のキョウドウ学習では，協同と協働を繰り返すことによって，集団としての教育力を高めるとともに，個の力量を高めることを実現しようとしていると思われます。写真2は，かつての深井学級の文集です。クラス会議のことを書いています。これを読むと，この子が，クラスメートの意見を聞きながら，議題提案者の課題を自分ごととして捉え，提案者を支援しようとしていることがわかります。そして，それがうまくいって他者貢献の実感を味わい，さらなる貢献への意欲を高めている様子が伝わってきます。

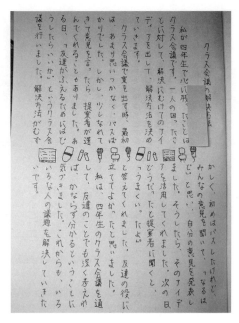

写真2　深井学級の文集の1頁

　深井学級では，学級生活でも教科指導でも協働的な学びが実践されていて，それにおける解決方法の選択がある程度保証されていることで個別最適な学びが実現されているように思います。深井学級の教育が成り立つには，課題の共有が前提となります。つまり，課題を自分事として捉えることができるかどうかというところが大事になってきます。

　深井先生が，そこをどうクリアしているのかと言えば，子どものやる気に火をつけ，笑顔で子どもたちを巻き込み，小さな灯火を大きな炎に育てるということを地道にやっておられるようです。今のご時世は，熱苦しいのはNG，軽やかに，スマートにと言われる現代ですが，深井実践をお聞きすると，教師の熱量は，令和の教育においても大切なのかもしれないと思わされます。確かに火力が弱かったらおいしいチャーハンはつくれそうにありません。

# 集団のあり方を示す「枠」を
# 子どもとつくり，自立した個を育てる

対話者 ：　　　　　　　　　　　　　　　　宇野　弘恵
　　　　　　　　　　　　　　　　　　　　（うの）（ひろえ）

　北海道旭川市立小学校勤務。長年，民間教育の場で，今日的課題や教科研究などについて学んできた。平成25年度から２年間北海道教育委員会で「かくれたカリキュラム」について研究。平成26年度から２年間，文科の研究指定を受け初任段階研修の抜本的改革の一環であるジョブ・シャドウイング指導教諭となる。校内では，教員人生のほとんどで研究，研修部を担当してきた。著書に『伝え方で180度変わる！　未来志向の「ことばがけ」』『宇野弘恵の道徳授業づくり　生き方を考える！心に響く道徳授業』『タイプ別でよくわかる！　高学年女子困った時の指導法60』『スペシャリスト直伝！　小１担任の極意』，共著に『学級を最高のチームにする！365日の集団づくり２年』（いずれも明治図書）などがある。

# 子どもと共に「枠」をつくる

赤坂　宇野先生には講座でお話を伺ったり，書籍も拝読させていただいたりしております。今まで学ばせていただいたことから考えると，宇野先生は特に個別最適な学びとか協働的な学びといった言葉を大上段に振りかざさなくても，歩くように呼吸をするように自然な営みとして，そうした状況を実現しているのではないかと思っています。ですので授業づくりと学級経営について，お話ししたいことからお話ししていただいてよろしいでしょうか。

宇野　教室に，例えばこういう枠（右図）があると思っています。教室の枠は子どもたちが自立していたら，広くても大丈夫なわけです。しかし，子どもたちが自立できていなかったらこの枠を教師がしぼめていかなければならないではないですか。理想的な学級は枠がない学級ではないと思っているのです。

図1　学級の枠のイメージ

赤坂　なるほど。

宇野　学級経営において枠って絶対に必要だと思うのです。確かに枠はありますが，子どもたちは枠のことを普段はあまり意識することはありません。しかし，「何か」あったときなどに「あるよ」ってことがちゃんと意識できることが大事なのです。

赤坂　なるほど。

宇野　その「何か」というのは，例えば，問題が起きたとか，行事があるとかそういうこともそうだし，そんな大げさなことではなくても，みんなで授業中に図書室に移動するから，並んだときに静かに移動しなきゃならないといった規範意識みたいなものが一人一人にちゃ

んと育っているというような枠であるのかなと思うのです。それで，この中に子どもたちがどんな風にいるかというと，皆自由に好きなところにいるみたいなイメージです。

　しかし，あんまり状態のよくない学級はなんか端の方に固まっていたり，真ん中あたりにいたり，周りにいたりするのです。でも，状態のいい学級っていうか居心地のいい学級はみんなそれぞれでてんでばらばらで，くっつきたい人はくっついているし，一人でいたい人は一人でいるわけです。

　それで，くっつきたい人はくっつきたい，でも，いろいろな人とつながりたい人はそれもよしというような状態で，場所も真ん中にいたい人は真ん中にいるけど，その人も時々端に行ったりできる。いい状態のときは，とにかく自由なのです。

図2　機能してない学級

**赤坂**　いい状態の学級は，自分のいたいように，教室での立ち位置や過ごし方，誰と過ごすかなども含めて，自分で選択できるということですね。

図3　機能している学級

**宇野**　しかし，学級担任をもったときに最初からよい状態はあり得ないと思っています。だから，ここでやっぱり子どもたちも不安だから教師に依存しようとか，友だちに依存しようみたいな，そこは無意識なんだけど，そういう意識で教室の中にいる。そこで，先生は最初どこにいるかというと恐らく教室の真ん中あたりに立つわけです。

　それでなんかみんなで「こうしましょう」

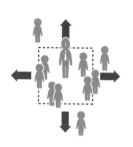

図4　学級の枠づくりの過程

とか「これはどう？」とか言いながら，子どもたちの意欲を見ながら，枠をつくっていくのです。私の場合は，最初につくる枠はたぶんそれほど広くないのです。最初から広くする人もいますけど，私はそんなに広くなくて，子どもたちみんなの同意と確認をもとに，少しずつ広くしていくイメージです。

**赤坂**　とても興味深い話です。その枠って，子どもが先にいて教師が後から枠をもちこむわけですよね。宇野先生がある日担任になりました，宇野先生は，物理的に教室にはいても，まだ枠としては機能していないから，最初の状態では，これからつくろうとしている枠の想定からはみ出ている子がいる場合もあるのではないでしょうか。

**宇野**　そうです。そうです。

**赤坂**　そういう状態もあれば，一方で，枠の中でギュッとすごく小さくなってる場合もあるかもしれませんね。そこからクラスはどうなるのでしょう。

**宇野**　子どもたちは，様子を伺いながら枠の中に入ったり，枠に近寄ったり離れたりします。みんなで「あーだよね，こーだよね」と言いながら，手探りで枠の実態を確かめます。これを合意形成と言ってもいいのかもしれません。こうやって学級の文化的な枠ができていくのです。

**赤坂**　これ，愛媛大学の白松先生が書籍の中で述べている「計画的領域」の話ではないかと考えられます[1]。教室の秩序化の営みです。

少し話がズレてしまうかもしれませんが，学級は教師だけのものでも子どもだけのものでもなくて，ともにつくるものだと考えています。しかし，上手くいかない，失敗する先生は自分の都合のいい

---

1　白松賢氏は，日本における学級経営の主張を概観し学級経営の領域を必然的領域，計画的領域，偶発的領域の3つに整理した。計画的領域は，教室における学習や生活をルーティン化（きまりごとの習慣化）することや教室における学習や活動の手順の見える化によって教室を秩序化することを主眼とするとしている。（白松賢『学級経営の教科書』東洋館出版社，2017より）

ようにその枠組みをつくり，学級を私物化しているのではないかと思います。先生は，枠を子どもと対話しながら，ルーティンや手順を徐々につくっていくというお話をしているのだと受け止めました。

宇野　確かに。だから例えば4月に担任をもったときに，教師が話しているとき，「私が話しているときに，みんながあちこちで話されると私も嫌なんですけど，聞きたい人も嫌だから，こういうときは静かにするっていうのにしたいんだけどどう？」とかいうレベルから，「席替えも先生が決めてもいい？」「自分たちで決めたい？」「じゃあどうやって決めたらいい？」みたいなことをするわけです。これ，まさに赤坂先生のご実践ですよね。

赤坂　私の実践というわけではないと思いますけど，児童尊重型と呼ばれるリーダーシップであると思われます。野中・横藤（2011）[2]が作成した，「縦糸・横糸チェックリスト」をもとに，学級経営に関する教師の意識を調査し，機能している学級経営の型を見出した研究があります（森田・山田，2013）[3]。その研究によると，安定している学級には2タイプあります。1つは，「指導重視型」と呼ばれるタイプで「教師と児童生徒の上下関係を重視し，ルールの徹底を図る必要性を主張する教師による」ものです。もう1つは「児童尊重型」で「児童の思いを優先，教師と児童の間の上下関係を最小化する教師による」ものです。

「児童尊重型」は，レベルが高く難しいので「指導重視型」で学級経営をした方がリスクが少ないと述べられています。宇野先生は，「児童尊重型」タイプではないかと思われます。私は講座等で，アクティブ・ラーニングを実現するためには，児童尊重型の学級経営をする必要があると言っています。

---

2　野中信行，横藤雅人『必ずクラスがまとまる教師の成功術！』学陽書房，2011
3　森田純，山田雅彦「学級経営に及ぼす教師 児童関係に関する質問紙調査」東京学芸大学教育学講座学校教育分野・生涯教育分野『教育学研究年報』第32号，2013，pp.23-37

## 「枠」づくりは丁寧に距離を測りながら

**宇野** あ，そうなんですか。私は，最初から何でもとにかく確認を取ります。

**赤坂** 一つ一つですか。

**宇野** はい，全てです。例えば学年の体育で，学級対抗のリレーをしたときのことです。私のクラスだけ人数が一人少なくて，2回走る人を決めなくてはならなかったのですが，「これってどうやって決めればいい？」「誰でもいいの？」「速い人でもいいの？」などと尋ねます。

また，全員分の氏名を1枚1枚に書いたカードがあるんですけど，授業でそれを引くのです。つまり，名前カードで指名したいわけなのですが「名前が出た人にしゃべってもらいたいんだけどそういうのやってもいい？」「いいよ」など，細かいレベルで聞きます。それで，子どもがとても嫌がったり，それはちょっと違うみたいなことを言ったりしたときには「じゃあもう少し考えようか？」と返したり，あまり力技で進めることはしないようにしています。もちろん，力技で進める場面もゼロではありません。今日なんか，圧が強いって子どもに言われてちょっとショックでした。

そうやって配慮しても，子どもたちはこちらの顔色を見ていることがあります。

**赤坂** はい。

**宇野** だから，私も子どもとの距離を測りながら丁寧に丁寧に，話を受け止めながら聞きながら枠をつくっていきますよね。上手くいけば1ヶ月もすれば大体この枠ができてきます。そうすると子どもたちは居心地がよく，私も叱らないし，ああしなさいこうしなさいってうるさく言わなくていいので，のびのびしているのですよね。

そうすると私が中心にいる必要がだんだんなくなってきて，1日に0.1mmずつぐらい，端の方にズレていくような感覚で，自分が主導権を握ることを少なくしていきます。何かあったときには，もちろん，再び中心に出て行くこともあるかもしれません。基本的には，そのような関係になっていくのです。

赤坂　　学級に枠ができてくると，先生はそれによって自由になって可動域が広がっていくわけですね。先生があれこれ口を出しているうちは，先生は好きなことを言っているようで，実は教師自身は不自由な状態であり，先生が口を出さない状況の方が，実は自由であるわけですね。

宇野　　でもこれってクラス会議の力がすごく大きいと思うんですよね。本当に。以前にもお話ししましたけど，私の学校は全校でクラス会議を始めてちょうど5年です。なかなか面白いですよ。だから，うちの5年生はクラス会議ネイティブなのですよ。1年生のときからクラス会議をしているから，困ったことがあったら議題箱に入れるのが当たり前なのです。**困ったことをみんなに聞いてもらうということが当たり前ってだけではなくて，そうやって話し合いを繰り返してきているから，みんなで話し合って決めたことは大事にしなくてはいけないと思っているのです**（写真1）。

赤坂　　クラスの文化，本書で何度か出てくるクラスのカルチャーですね。

宇野　　クラス会議をすることにおいても，担任によって受け止めが異なります。「自由にやってごらん」と子どもたちに決定権を預けている先生もいれば，「それは個人のことだからクラス会議で出しちゃダメでしょ」とか「みんなで決めたんだから守らなきゃダメ

写真1　子どもたちがクラス会議で話し合って決めたiPad使用のルール

じゃない」といったように，かなり統制する先生もいます。

宇野　　いろいろなカルチャーを受け継いでいる子どもたちを担任するわけですが，私は本当に口出ししないで好きに話し合わせておきます。すると，大人が見守ってくれていたらどこまでやっていてもいいんだみたいな安心感っていうか，なんか一般的過ぎるかもしれませんが，のびのびどこまでもやってしまうみたいな状態になってきます。いい意味で，担任なんていなくていい状態になり，教師が，枠の中にすらいなくてもいいみたいな感じになってくるのです。

赤坂　　野球で言えば，教師が外野というか，グラウンドにもいなくて，スタンドに行ってしまうわけですね。選手の立つフィールドからいなくなってスタンドから応援する感じになるわけですね。

宇野　　そうなんですよ。で，この間それが象徴されるような出来事がありました。この間，私の誕生日だったのです。私のクラスには，お笑い係とか青春係とか面白い係があるんですけど（写真2），4月の段階で思い出係の子どもたちが誕生日を一覧表に書いてそれを貼り出していたわけなのですよね。

その中に私の誕生日も書いてくれていたので，私の誕生日がいつかはみんな知っていたのです。それで，私の誕生日，昼休みにいきなりに「目をつむって」と言われ，隣のクラスの子に手を引かれて階段を上って教室に行くと，黒板に書かれた「誕生日おめでとう」という言葉や飾りなどがたくさんあって，更に，

写真2　「お悩み相談係」の係活動の告知
　　　　ポスター

お誕生日の歌を歌ってくれたのです。

そのあとに，いきなり，「この日のために手品を練習してきたので見てください」というサプライズがあったり，「じゃあ僕はダンスを踊るので見てください」という子などがどんどん出てきたりして，宴会みたいになりました。

そのあとに子どもたちが，「先生，これね，俺たち子どもたちだけでやったんだ，すごいでしょ」と言ったんですよ。大人の力を借りないで自分たちの力だけで企画実行するということをこんなにも喜び，誇りに思うものなんだと改めて思ったわけです。

| 赤坂 | それはいつ頃の話ですか。 |
| 宇野 | 9月の中頃の話です。 |
| 赤坂 | 子どもたちは，自分たちで決めて自分たちでやり遂げたことを誇りに思ったわけですね。 |

## 互いの温度を尊重する関係性を育てる自己決定感

| 宇野 | そのときって完全に私は枠の外にいたと思うのです。でも常に私が枠の外にいるかって言われたらそうではなくて，時々ここ（枠の中）に振り戻される瞬間はあるのですよ。 |

今は10月ですけど，10月だって，枠の外にいるときと，枠の真ん中に立って圧が強いって言われるような，「もう少しこうしようね」みたいなそういう瞬間もあります。4月と今で違うのは，基本的に子どもたちの関係性がフラットなのです，常に。喧嘩もするし，女の子同士もちょっと大丈夫かなっていうときもあるのですけど，でも基本的にみんなフラットなのです。

今これから学芸会を迎えるころなのですが，学芸会で何をしようかって考えたとき，コロナで全然何もできない状況です。やれるも

のも限られているから，多くの先生が「これやります」とかっちり決めて子どもたちにさせるっていうスタンスなのです。しかし，私が考えたのは，とにかく子どもたちが自分たちで判断して考えて，所謂企画し実行するということをさせたいと考えました。

宇野　　隣のクラスの若い女性の先生がダンスの専門家ということもあり，割と自由度が高いのでダンスをやろうということにしました。学級で4グループをつくって，YouTube の番組配信のような形にして好きなダンスを決めてやろうということにしました。

　ただ，任せるからといって「今年はこういうことだから好きにダンスを決めてやりなさい」と投げるのではなくて，最初は「なんで学芸会ってあるんだろう」という話から始めて，「どんな学芸会にしたいと思う」ということをみんなで考えて，「そのために自分は何を頑張るかっていうのを1個決めてみない？」というように投げかけて，「じゃあこういう学芸会にしたいんだ」，「そんな学芸会にするために先生こんな企画立ててもいい？」と問いかけて，「いいよ，先生もおもしろいのにしてね」，「わかったわかった，OK」と，承諾を得ながら進めました。

　本当のことを言えば，企画は大体できているのですが，子どもの承認をもらってから次の日に提案みたいなことをしたのです。グループ決めも「踊れる人と踊れない人がいるからアンケートをとってから決めようね」そして，決めた後は，「そこでリーダー決める？決めたかったら決めていいよ」，「合言葉決めた方がいい？」，「ダンスをどうするか話し合って決めてね」，「このあと練習日程はこうなっているよ，だから，何回練習できるよ」，「衣装も全部決めてもらうよ」，「MC：ど〜も〜，○○です（自己紹介）というところからシナリオも全部考えてね」と言って任せました。

　すると，子どもたちの中に，「やった！こんなに任せてもらうなんて初めてだ」，「すっげー楽しくなってきた」と言っている子がいる

一方で「でもなんだか怖いな」と言ってる子もいるのです。「ああ，そうか，そうか。何していいかわからないときあるよね。そのときはさ，先生がいるからいつでも相談においで，困ったときは相談にきてね」と言って今活動が始まったばかりなのです。

赤坂　今のエピソードから，先生が，枠の外に出たり，中に入ったりと自由自在に動いていることが伝わってきました。子どもに任せたいけど，現実にはやれることは限られている。しかし，その枠の中でも子どもの自己決定感は奪いたくない。

　また，枠を押しつけるのではなく，そこも自己決定感を奪わないように同意を得ながら示す。そして，任せるところはとことん任せる。ただ，任せるとは言うものの，「丸投げ」はしない。それを全ての子どもがチャレンジとして受け止められるわけではなく，中には，チャレンジを超えて不安や混乱を感じる子もいる。そういう子には，手続きを細分化してハードルを下げたり，「いや大丈夫だよ，先生に相談すればいいんだよ」と不安の解消法を示したりしてるわけですね。

宇野　そうです。

赤坂　教師は任せたからといって，枠の外に両足の裏をいつもぺったりとつけているわけではなく，いつでも枠の中に戻れるようにいつも踵を浮かしているという状態なのかもしれませんね。だからこそ，人権にかかわる指導も，子どもの「困った」に寄り添うときも，出遅れることなく指導したり支援したりできるのではないでしょうか（図5）。

宇野　行事のときって，「枠の中に入れ」となるじゃないですか。この丸の中にみんな集まれ，みたいな（図5）。でもこのときに必ず集まれない人がいるわけですよ。また，こ

図5　行事における子どもたちの立ち位置

の集まった人の中でも温度って全然違うんですよ。それをみんなみんな同じ温度でみんな丸の枠に入れて，みんな1つのことを目指すととても苦しいと思うのですよ。

宇野　ですが，上手くいっているときの学級って丸の外にいる子を無理やりここに引っ張ってこないのです。だからといってこの子を独りぽっちにしておかないで，この子の視線はこっち（丸の方）に向いているし，丸の中の人たちも時々丸の外の子に意識を向けるんです。だから外の子はいつもそこにいるわけではなくて何かの瞬間に一時丸の中に入ったりする。また，温度の違う人同士も，同じ温度にするような強制をしない。「ちゃんとやれよ」みたいな強制がないんですよ。今のクラスの学芸会の取り組みは，こういう状態になっていて，すごいことだと私は思っています。

赤坂　宇野先生のクラスって子どもたちが互いにあたたかな「チラ見」をしているわけなんですね。

宇野　こうした状態を，授業の中でも最近感じることがあるのです。

## 課題解決の方法を自分で選ぶ子どもたち

赤坂　ここからは授業の話ですね。お願いします。宇野先生の理想のクラスというか，理想の学級のあり方というのをお話しいただきました。そこにちょうど授業につながるような話が出てきたので宇野先生の考える授業というものを語っていただきたいと思います。

宇野　お勉強があんまり好きではない，座っていられないから以前の学年ではトイレにずっと籠っていたりとか，授業中も自分の好きなことはするけどそうではないことはあまりしないとか，それでいて，結構授業中もしゃべっていてみんなに迷惑をかけたり，強い指導をすると反抗的になったりする子がいました。A君とします。勉強し

ないで寝そべっていたりしますが，私は何も言いませんでした。

　まあ，他の子に対しても何も言わないんですけど，姿勢を正しなさいとかあんまり言わないのです。4月くらいのときはずっと机間指導をしながら勉強してるかしていないかぐらいは見ますけど，でも声はかけないのです。

　でも，そうしていると終わったときに「俺，勉強わからん」とやってくるのです。「何がわからないの？先生，教えるよ」と言うと，「いや，でも，やってもわからないから」と言うのです。そんな感じでやっていくと，だんだんと突っ伏していたのがノートを開くようになり，教科書を開くようになり，そして，日付だけ書くようになり，授業に参加するようになりました。「まだ俺，書いてないから先生待って」と言ってみたり，とてもおもしろい意見を言ったりだとかで授業に参加するのです。

　それでも算数はとても嫌いで，恐らく力はあるけど嫌いだからやらなかったので，積みあがっていないだけなんですよね。それで，小数の割り算も分数の足し算引き算も全くやろうとしないのです。「いつでもおいでね」と言ってるし，子どもたち同士で教え合ったりする文化もすごくあるのですが，それでもあまりきません。テストは悲惨な点数でした。そうするとそのあと，「先生，俺家で通分と約分勉強したらできるようになったわ」と言ったのです。

　なぜそういうことが起こったのか考えてみると，他の子たちが勉強せずに突っ伏していても一緒に勉強するぞって声をかけていたことがあるのかなと思います。みんなが問題を解いていても解かずにいて，枠の中にいないから離脱しているように見えていましたが，勉強したいとか，できるようになりたいとか，思っていたのではないかと思います。行為としては授業に参加していなかったのですが，意欲や意識みたいなものは授業にちゃんと向いていたのではないかなと思うのです。つまり，行事に向かう距離感はみんなばらばらだ

けど目的に一緒に向かっているという状態と，同じことが起こっているのではないかと思うのです。

赤坂　他の子がその子に「勉強するよ」と言っているのは子どもたちの間に仲間意識みたいなものがあるわけですね。一方で，この子はこの子で「勉強わからんから枠の外にいるわ」という態度でいるけど，他の子はそう思っていないのではないでしょうか。他の子が勉強を教えたりするのですか。

宇野　教えます。私もいつも「おいで」って言って机を長くして「勉強したい人はここきていいよ」と言っています。

赤坂　そこをちょっと，もう少し詳しく教えてください。それは色々な授業でそういう状況なのですか。

宇野　割とそうですね。

赤坂　どうして国語や算数の時間にそういう場面が突然出てくるのか不思議に思う読者の方もいるかもしれないので，例えばこういう授業でこういうタイミングでこういう声かけをしたというのを教えていただけますか。

宇野　意見交流の場ではなく，「解けない」「わからない」というときに机を長くします。私の算数の授業のスタイルは最初に問題の確認をして，解き方はある程度全体で私が一斉指導するときもあるし，子どもが説明する場面もあるんですけど，ある程度前半部分でシェアするんですよね。そのあと20分とか15分くらい使って練習問題を解くという感じの授業なのです。

　その練習問題を解くときに「わからない人は誰に聞きに行ってもいいよ」と言うのと，同時に教師用の机をもう１個増やしてすぐ私が行けるような位置に置いておいて，「わからない人や一人で勉強して不安な人はここにきていいよ」と言ったら寄ってくるという状況です（写真３）。

　A君のような子が私のところにくるときもありますが，こないこ

ともあるのです。すると，自分の席で寝そべっているような子には，「自分ができる」と思った子たちが教えてあげたり，「わかる？」とか声をかけたりするのです。基本的にはわからない人は自分で聞きにいくように言っていますが，自分からこない場合は，他の子たちから「一緒にやろうぜ」などと声がかかります。

赤坂　少し状況を確認しましょうか。練習問題になりました。わからない人は，「誰に聞いてもいいよ」と言って，子ども同士で交流します。そのときに教卓の脇に，先生に教えてもらいたい子どもたち用の長机が並べられるということですね。

宇野　はい。ちなみに教卓は教室の端にあります。その端っこの教師用の机に長机。隣の空き教室からもってきた長机を，こう長く並べてしまいます。

赤坂　長机を並べました，そこにどんな子が集まってくるのですか。

宇野　算数が苦手な子たちです。

赤坂　授業や学習指導の話になると，それは個別最適な学びの話も含めて，今の場合だと，学習がわかるためにという話になりがちです。しかし，実際に教室には，愛着面で心を安定させたい，満たされたい子もいますよね。どの教科でもいいからとりあえず先生のそばでやりたいという子がいると思うのです。そういう子どもたちが，そういうしくみや時間があることによって満たされますね。

写真3　長机に集まって学習する子どもたち

赤坂　　長机が出ました。先生に教えてもらいたい子が集まりました。ということは，その向こうでは子ども同士で学んでいる子もいたり，一人で課題解決している子がいたり，そして突っ伏している子もいるわけですね。

宇野　　そうなのですよ。力でなんとかしたいと思っている先生たちにとって，突っ伏していること自体悪ですよね。だからまずはきちんと座りなさいから始まって，「鉛筆をもちなさい」「教科書を開きなさい」「話を聞きなさい」「先生の話を聞いていないとわかんなくなるでしょ」とやるわけです。

しかし，それをやったからといって，その子は勉強する気にならない。でも教師の力が強ければ言うことを仕方なく聞くわけですよ。もしかしたら仕方なく勉強したことによって，算数の分数ができるかもしれない。でも，その子の心の何が育ったかって言うと，その子は言いなりになっただけだからストレスがたまるし，結局人の言いなりになってとにかく嫌なことでもやっとけばなんとかいいことになるかってことにしかならないと思うのです。

赤坂　　最も大切な学習意欲を失いますね。

宇野　　本当は私だって突っ伏していることがいいとは思いません。しかし，本来なら教室から逃げ出していた子が，今は教室にいるんだから，いいではないか，と思うのです。本当は算数をやってほしい。でも今，その子にとっての最重要課題は教室にいること，だからこれでOKだと。

赤坂　　これまでの授業観って，子どもたちに常時全力投球させていたように思います。それでは名投手だって肩を壊します。授業中に肩を休めている子がいてもいいではないか，とりあえず球場にきているのだから。そういう発想がないから不登校が減らないのではないかと思います。

宇野　　そういう発想になぜならないかというと，やっぱり私は教師はど

こかで，自分のことを全知全能だと思っているのではないかと思っています。あるいは教師なので，全ての子どもたちに全ての内容を教えなくてはならないという強い使命感をもっていてそうしているか，どちらかだと思っています。

赤坂　イラショナルビリーフ，誤った信念ですね[4]。思い込みでそれが正しいと思ってやるのかもしれませんね。

最初に，「宇野先生は意図せずとも個別最適な学びを実践している」と言いました。個別最適ってどういう発想かというと，学習者から見たときに，その子が学びやすい環境になっているかということだと考えています。あえて一般化せずに言っていますが，自分の学びやすい環境や方法を選択できることがその条件の１つではないでしょうか。教育のユニバーサルデザインとは，事前設計や環境づくりの問題だと捉えているので，子どもの主体性とか意欲そのものは議論していないと思っています。

今の場合，子ども主体で見たときに突っ伏していることが，先生の教室では容認されています。もちろん先生は心配するし勉強してほしいなと思っているのですが，まずは「そこにいるだけでOK」ということが，メッセージとして伝わっていて，勉強を友だち同士でわいわいやりたい子はわいわいやれているし，教師から学ぶ子の中には，純粋にわかりやすく教えてもらいたい子もいるし，教師の側にいることで満たされる子もいて，いろいろな学び方をしていることが，宇野学級では一斉指導の中で認められているわけです。これを従来の一斉指導と言っていいのかわからないですけどね。

宇野　なるほど。

赤坂　今すぐできる個別最適な学びってそういうことなのではないかと

---

4　イラショナルビリーフとは，「……でなければならない」といったようなある種，事実に即していないような思い込みのこと。それに対し，「できれば……であるほうがよい」といった柔軟な考え方をラショナルビリーフと言う。

考えています。これから先，もっと多様な個別最適な学びのあり方が，あちこちから，特に ICT とのかかわりの中で発信されることでしょう。しかし，「ICT の活用＝個別最適な学び」ではないわけです。優れた先生の教室は，一斉指導か個別指導か，アナログかデジタルかというような二項対立式の発想でやっているわけではないのでしょう。

**宇野**　それ，とても賛成します。今日の理科は，曲がりくねった川を書いたプリントを 1 枚渡して，「ここはよく決壊する川です。この川が決壊しないように力の限り方策を考えて書き込みましょう」という学習でした。砂防ダムをつくるとか堤防をつくるとか教科書に書かれていて，それを書けば，オーソドックスな答えは書けるわけなんです。

それで，子どもたちが「iPad を使っていいですか」と言うから，「教科書基本だけど，使ってもいいよ」と言うと，学力が高ければ高い子ほど教科書から入るんですよ。

そして基本的なことをきっちりと書き込んだ上で，「どうしてここでこういうブロックの置き方をするのだろう」などの疑問について iPad を使って調べて情報を追加しているんです。しかし，学力の高くない子たちはまず iPad から入るんです。私がどれだけ「いやいや教科書が基本ですからまず教科書見てからね」と言ってもまず iPad を開くんですよ。

**赤坂**　それはなぜでしょうか。

**宇野**　iPad を開きたいからではないでしょうか。しかも本当に検索ができないのです。検索能力という問題ではなくて，それは教科書でも iPad でも道具は関係なく，資料のどこを見ればいいのかわからないし，iPad だと何を検索するかという検索用語が探せない。

iPad だけ与えれば，また，検索さえすれば学習ができるとの主張を耳にすることがありますが，それでは個別最適化とはならないと

思うのです。

赤坂　確かに，「まずは使わせなさい」という指導もあるようです。

宇野　「使わせていくうちに慣れていくから」と言うけど，でも慣れるためには基礎的なものがないとできないのではないでしょうか。

赤坂　あとモデルが必要ですね。

宇野　そうなのですよ。端末は暇つぶしとか子守をさせるにはとてもいいアイテムなのでしょう。しかし，その子が自分なりの学び方を見つけるためのアイテムになるには，学力にばらつきが大きい学級，学年，学校では難しいものだと思います。もちろん，だからこそ教師がいろいろ手立てを講じなくてはならないのでしょうけど。

赤坂　iPad のような端末を与えれば個別最適になるというものではないということですね。

　では，既に話の流れで出てきてはいるのですが，あえてお聞きします。協働的な学びを先生はどう捉えていますか。

## 「枠」づくりの過程も子どもの実態に合わせてカスタマイズ

宇野　国語の物語文の授業を例にしますね。「なんか変だな」とか，「なんか疑問だな」とか，「よくわからないな」とか，「みんなと一緒に考えてみたいな」，ということをとにかく書き出させます。それをもとに私が問いを出しながら学習を進めます。私のクラスの場合，1つ子どもたちに質問を出すと，とにかくしゃべるんですよ。「ああでもないこうでもない」と。

赤坂　学習意欲の高いクラスは何でもない発問で突然動き出しますね。

宇野　勢いよくしゃべり出すのです。その中で私も気づかなかった教材の核みたいなものに辿り着くことがあります。例えば国語で「たずねびと」という物語文の授業をしました。あらすじは，アヤちゃん

という少女がたまたま町で見つけた自分と同じ名前のポスターを見つけます。それは広島の原爆の被爆者で行方不明になっている方のポスターだったわけですが，自分と同じ名前だったからすごく興味をもち，その後も広島に行っていろいろなことを学んで成長するっていう物語です[5]。

**宇野**　それで子どもたちが出した疑問の中に「どうしてわざわざ同じ名前の人を出したんだろう」というのがありました。私はそれほどその疑問自体に関心をもちませんでしたが，子どもが気になるならと思って，子どもたちに「もし同じ名前じゃなかったらこの，アヤは広島まで行ったのだろうか」と投げかけてみました。

　すると，とても話が盛り上がり「やっぱり同じ名前だからこそ親近感がわいたんじゃないだろうか」とか，「名前が同じということは，作者は広島まで行っていろいろなことを知ってほしいって願いがあったんじゃないか」とか，壮大な話になって全然授業が終わらなかったのです。結論が出ることもなく，「では，今日考えたことを書いてください」と書かせたらものすごい勢いでたくさん感想文を書いたのです。

**赤坂**　いわゆる深い学びというのはいくつかイメージがあると思います。1つはみんなで掘り下げて何らかの真理を探究するイメージ，他には，いろんな角度から断片をつなぎ合わせていって知識や認識の総体をつくっていくイメージなどがあります。今のお話は，子どもたちが真理を探究したり，多面的な解釈をつくろうとしたりしているように思いました。みんなで読みの交流をしていく中で，自分の気づかなかった解釈に気づいたり，自分の解釈をさらに深めたりしているような営みです。しかも自分の解釈を友だちに伝えるのが楽し

---

5　広島県出身の朽木祥（くつきしょう）が教科書用に書き下ろした物語。原爆供養塔納骨名簿ポスターの中に自分と同年齢の同じ名前を見つけた少女が，自分と同じ名前の少女を探しに兄と広島まで出かける。様々な物を見て人と出会いながら原爆の事実を知り，亡くなった方々に思いを寄せていく。

いみたいな，そういった状況ですよね。

**宇野** 　いや，そうなのですよ。

**赤坂** 　互いの応答や反応があるから盛り上がるわけですよね。

**宇野** 　だから，社会をやっても道徳をやっても，体育で「今日の反省を話し合ってごらん」と言っても，とにかく喋りたいのです。自分はこう思うとかということをとにかく言いたいんです。うちのクラスは男の子が2/3で女の子が1/3で普段はとても大人しいのですけど，授業になると男女関係なく手を挙げるのです。

**赤坂** 　今担任されている5年生のことですね。

**宇野** 　5年生になるとだんだんそういうのが女の子を中心に恥ずかしくなって手が挙がらなくなるんですけど，4月から比べるとみんな手を挙げる，手を挙げるっていうか喋るのが当たり前みたいな状況になっています。「学級委員長やりたい人？」と言ったらクラスの半分くらい手を挙げるのです。

**赤坂** 　いやいや先生のクラスは，生活づくりの部分でも授業づくりの部分でもやっぱり言いたいことは言って，やりたいことをやるっていう，そのために手を挙げるっていう文化があるのですね。

**宇野** 　協働的な学びをするには課題が大事とか，教師のかかわり方が大事なのはもちろんなのですが，それ以前に，やっぱり最初の話に戻りますが，枠なのです。枠。自由なことを言っても，私の思っていることを言っても傷つけられないっていう，この枠があるということなんだと思います。赤坂先生がよく安心感っておっしゃってますが。

**赤坂** 　心理的安全性のことですね[6]。宇野先生の実践の特徴は，その心理的安全性を子どもと一緒につくってきたのですね。それがいわゆる指導重視型のクラスと異なるところで，その指導重視型の指導は，枠を教師から与えます。しかし，宇野先生は最初から枠づくりを一緒にやっていく感じですね。

| | |
|---|---|
| 宇野 | そうです。枠づくりを一緒にやっていく感じです。そしてその中で，ただ「規則が正しいから守りましょう，こういうときはこう行動しましょう」ではなくて，「自分でしっかりと考えて自分で判断して行動しましょう」って事あるごとに言っています。だから私の中でそれはセットなんです。 |
| 赤坂 | 共通の行動様式の枠づくりと個人の行動の枠づくりを同時にしているということですね。先生は，例として現在の5年生のクラスのことを挙げていますが，担任するクラスによって，枠の高さや広さは異なっているのでしょうか。 |
| 宇野 | そうですね。1年生をこの間続けて2回もちました。授業が全然成立しなくて，泣き叫ぶわ好き勝手やるわみたいな状況だったので，やはりこちらがかなり主導的に枠はつくりました。 |

枠はつくったのですが，その泣き叫んでわがままを言う子を排除するのではなく，不適切な行動をしているときはその子をそうっとしておく一方で，困っているときには助けるといった枠はつくり，その中で自由に行動するという形にしました。

比較的落ち着いている子が多い場合は，最初から枠は自分の中で広くもちつつ，必要に応じて枠をつくるといったやり方をしました。同じ方法ではできないですね，子どもの中身が違うわけですから。

| | |
|---|---|
| 赤坂 | すると，枠の高さや広さというよりも，枠のつくり方を子どもに合わせてカスタマイズさせているようですね。宇野先生のクラスは，学年や子どもたちの状況にかかわらず，共通してるのは，個別最適 |

6 「心理的安全性（psychological safety）」とは，組織の中で自分の考えや気持ちを誰に対してでも安心して発言できる状態のこと。組織行動学を研究するエイミー・C・エドモンドソンが1999年に提唱した心理学用語で，「チームの他のメンバーが自分の発言を拒絶したり，罰したりしないと確信できる状態」と定義している。メンバー同士の関係性で「このチーム内では，メンバーの発言や指摘によって人間関係の悪化を招くことがないという安心感が共有されている」ことが大事とされる。（参考：エイミー・C・エドモンドソン著／野津智子訳『チームが機能するとはどういうことか 「学習力」と「実行力」を高める実践アプローチ』英治出版，2014）

な学びの視点で言えば，やりたいようにやれる。協働的な学びの視点では，言いたいことを言える。明確に２つに分かれるわけではありませんが，これらの世界を成り立たせているのが，いわゆる枠なのでしょうね。

## 集団の「枠」と個の「自立」はセット

宇野　そうなります。もう１つ，やっぱり加えたいのは，「子どもたち」ではなくて，自分で考えて自分で判断して行動するという，「自立した個」のことです。私にとって，クラスというのは，自立した個が集まった集団のことです。

赤坂　なるほど。クラスの枠組みとともに自立した個ですよね。先ほども出た，この２つはセットであるというお話ですね。

宇野　枠組みの方は集団にかかわることです。集団としてどう育てるかっていうことと，一人一人を依存から自立に移行できるように，自分で考えて行動できるように育てたいのです。しかし，それを「自立しなさい」と言って聞かせるのではなくて，自立が保証される環境とか条件とかをこっちが設定していく，そういうかかわり方をしていくということが，セットだと考えています。

赤坂　枠と自立の問題を少し掘り下げようと思います。先生のクラスは自立を目指しているけど，突っ伏している子もいますよね。そんなときに，その子のそうしたあり方を認めながらも，一方で「一緒にやろう」と声がかかるということですよね。そういうことは何か具体的に指導なさっているんですか。それとも自然に起こってくるのですか。

宇野　最初は「わからない人は，ちゃんと訊きに行ったらいいよ」，「何ページ開くかわからなかったら，隣の人に訊けばいいんだよ」って。

「え，訊いていいんですか」と子どもが訊くので，「訊かなかったらわからないでしょ」というレベルから「困ったときは自分でちゃんと言おう」「先生にも『教科書忘れました』だけではなく，『忘れたので貸してください』って言ったら貸しますよ」などと言っています。

赤坂　　援助の要請の仕方を具体的に教えているわけですね。ということは援助の仕方も具体的に教えている，声をかけているということですね。

　　では，そろそろ最後の質問をしますね。これまで出たお話と被ってもけっこうです。今お話しいただいた宇野先生のつくろうとしている授業であれ，クラスであれ，そうした世界を実現するために，普段大事にしていることを教えていただけますか。

宇野　　当たり前すぎるかもしれませんが，一人一人を大事にすることです。

赤坂　　やはり子ども理解でしょうか。

宇野　　もう少し言うと，見えているところは現象に過ぎません。現象だけではなく，現象の奥には必ず背景があるわけじゃないですか。そうすると，許せるというか，許す立場ではないのですが，理解できるというか推し量れるわけです。それをすごく意識しているつもりです。

赤坂　　どうしてそれが見えるのでしょうか。やはり普段から子どもと徹底的にかかわり合うことをやっていかないとわからないですよね。センスと言ったらそれまでになってしまいます。それだけではなく普段やっていることがあるから見えるのではないでしょうか。

宇野　　**それがつながるかどうかわかりませんが，必ず全員と一言は喋る**ことでしょうか。そのやりとりの中から，保護者との関係や成育歴を推し量ります。また，子どもをよく観ることは意識しています。姿勢とか，食べ物に対するかかわり方とか，ここで泣くんだとか，

言い方，行動の仕方とか，その子から発せられるもの全てをその子の要素としてみることを意識しています。

赤坂　宇野先生は受容する力に長けていますね。実際にこう長くお話を聞き続けてみたりすると，とてもキャッチングが上手い方だなと実感します。それだけではなく，受けて受けて，その上でしかけるんですね。

宇野　それは若いころ，パワープレイヤーだった失敗が根底にあるかもしれません。思い出したら本当に恥ずかしいのですけど，上手くいかなかったこともあるし，保護者に怒られたこともあるし，その度になんでそんな風になってしまったのだろうって。今も決していいわけではないけど，当時を振り返るととても恥ずかしいです。

赤坂　子どもを徹底して理解し，そして理解するだけではなくそこから大切にするっていうことなんですけど，宇野先生の一人一人大切にするっていう，大切のイメージって何ですか。

宇野　その子の存在を壊さない。無理してよくしようとか変えてあげようなんて思わないで，その子らしくあれるように。その子が楽にというか，そのままで輝ける感じを大事にしたいです。

赤坂　先生，そこを基盤にして，あえてお聞きします。学級経営において，先生の大事にしている価値観，そしてそれを具現化するためにやっていることはありますか。

宇野　その子の姿を学級通信に毎日書き続けるということです。毎日全員ではないですよ。名前を出してこういうことがあったという事実＋私の感情やちょっとした価値づけ，社会的にはこういうふうなことに近づくよねということを書くときもあります。その子個人のエピソードの日もあるし，学級の物語の中でのその子エピソードが入ることもあります。それを毎朝子どもたちに読み聞かせます。

赤坂　その行為が自分の学級経営にどう影響していると思いますか。

宇野　子どもたちは，見てもらっている，あるいは自分は見られている，

先生は見ているっていう意識を恐らくかなりもっていると思います。

赤坂　　この学級通信を配ると子どもたちは食い入るように見るんですよね。

宇野　　名前があったら囲む子とかもいます。「俺，今日名前出てる」とか。

赤坂　　何よりも関心や愛情の伝達にもなりますよね。では，自分自身はどうでしょうか。その子のエピソードを書くことによって自分自身に何が返ってきていますかね。

宇野　　愛おしいと思っちゃうんです。書きながら，「かわいいな」とか，「素敵だな」とか，思っちゃうんですよ。

赤坂　　その時間，その子のことを考えて，つまり自分の心の中にその子の居場所をつくっているのですね。学級通信を書くことで先生の中で子どもたちの居場所ができていて，その状態で教室に行くと具体化しているわけじゃないですか。その子のことをたっぷり考えたあとにその子に実際会ったら見方が変わりますよね。

宇野　　そうなんですよ，そして書きながら自分で気づくこともあるのです。つまり，「この子のやった行為ってこういうことだよな」と紐づけたり，俯瞰できたりするのです。

赤坂　　先ほどの背景を知るということにつながりますね。

## 【対話を終えて】

　宇野先生の話は，学級経営における集団づくりの具体的な進め方から始まり，現在の授業のあり方になり，そして最終的には先生が大事にされている価値観とそれを具現化する日常行為に帰結しました。

　お読みいただいておわかりのように，宇野先生の学級経営は実に「巧妙」です。学級集団をつくっていくときに，共通の枠組みは必要です。多様な価値観をもっている子どもたちが，1つの教室で1年以上をともに過ごすために，共通の考え方や共通の行動様式をもっていなくてはならないからです。

集団づくりの方法がわからないという先生方の中には，この共通事項を子ど
もたちに伝えるときに，「言って聞かせる」という方法をとる場合がありま
す。これが時に強制や命令になってしまうことがあります。

　今の子どもたちは，かつての子どもたちのようにあからさまな反抗的言動
をすることは少ないと言われます。しかし，暴れる代わりに，意欲を消耗さ
せてその場をやり過ごすことを学びます。

　しかし，集団づくり「巧者」の宇野先生は，その共通事項を，子どもたち
の話し合いによってつくっていきます。子どもたちが学級のあり方を話し合
いによってカスタマイズしているわけです。子どもたちは自分たちでつくっ
た学級であるという思いをもつので，所属意識が高まり，より学級に貢献し
ようとするのではないでしょうか。

　しかし，子どもに話し合わせるからといって一任するわけではありません。
子どもの裁量に任せていい部分を明示するために，教師の裁量とする部分を
明確に自覚しながら，子どもたちに委任すべきところを委任しています。そ

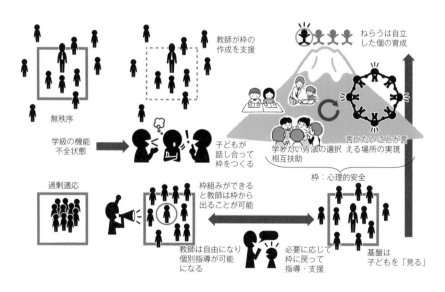

**図6　宇野氏の個別最適な学び×協働的な学びのイメージ**

の姿を学芸会のダンスの決定プロセスに垣間見ることができます。コロナの感染予防で制限がたくさんある中で，子どもたちの自己決定感を保証することはとても難しいことでしょう。子どもたちが好きに決めてもらっては困るわけです。だからこそ，明確に枠をもって教師が決めなくてならないところはあらかじめ決めておいて，子どもに決定権を渡せるところは事細かに確認し，また，時には大胆すぎるほどに任せるということをしています。その結果，制限が厳しい中でも，子どもたちは「こんなに自分たちで決めていいの？」という程の自己決定感をもつことができたのでしょう。さらに「巧妙」なのが，任せる一方で，「でも困ったらいつでも相談しにおいで」と安全策も講じています。子どもたちは守られている安心を感じながら自己決定に基づくトライアンドエラーを繰り返していけることでしょう。

　この「巧妙さ」が「冷たさ」を想起させない大きな要因として，その発想の根底に，子どもたち一人一人のありのままを大切にし，そして，一人一人をとことん理解しようとする子ども観，指導観が挙げられるでしょう。恐らくそれは子どもたちにも伝わっていて，だからこそ子どもたちは，先生の誕生日を全力で祝い，学習活動に意欲をもって取り組もうとしているのでしょう。子どもたちの学校生活への意欲は，教師の愛情との等価交換ではないでしょうか。

　宇野先生のクラスで個別最適な学びや協働的な学びが成り立つのは，集団のあり方としての枠によって形成される心理的安全性の存在は無視できません。枠が強制や押しつけにならないのは，枠の作成過程によって得られる合理性，そしてそれに伴う納得感だと思われます。枠の詳細は明確にお聞きできませんでしたが，枠の中では，子どもたちは基本的に自由であり，その一人一人のあり方を認め合っている，また，何を言っても大丈夫という発言の自由も保障されていて，困っていれば適宜必要に応じた支援を得ることができるのです。こうした集団があってこその個別最適な学びや協働的な学びであると一貫してお話ししていたのだと思います。

# 「One for All」「All for One」を実現し人を育てる

対話者 ：
おか だ　　じゅん こ
**岡田　順子**

　新潟大学附属長岡小学校勤務。幼稚園教諭，塾講師，新潟県公立小学校教諭を経て，2019年度より現職。「協同学習」を研究し，学習と人間関係づくりを一体とした授業づくりを軸に学級経営を進めている。共著に『クラスを最高の笑顔にする！学級経営365日 困った時の突破術 高学年編』『信頼感で子どもとつながる学級づくり 学級を最高のチームにする極意』『学級を最高のチームにする極意 教室がアクティブになる学級システム』『学級を最高のチームにする極意 集団をつくるルールと指導』（いずれも明治図書）などがある。初級教育カウンセラー。

# 「最適」とは「わからなさ」を追究できること

**赤坂**　では１つ目です。個別最適化された学びとはどのような学習のことをイメージされていますか。具体的な実践を交えながら教えてください。

**岡田**　個別最適化された学びとは，個別学習とは違い，その子の習熟に合わせて教えるというのではないと思っています。私が思う教室における個別最適の捉えは２つありまして，１つ目に，学級や社会において自分をどう活かすかを学ぶこと，もう１つは，自分にその集団をどう活かすか，どう使うかというのを学ぶことだと思っています。

**赤坂**　大きなコンセプトはわかりました。では，更に具体的にお話しいただけますか。

**岡田**　学校での学びの大前提として，大人になってから社会で活かせるような，集団の中での生き方を学んでいると思っているのです。そこが塾との大きな違いであり学校の集団の中で学ぶ価値なわけです。だから学校での学びというのは，学習内容だけではなくて，生きていく力をつける学びでなければなりません。では社会に出て強い人というのはどんな人かを考えたとき，まずは自分が学んだことや好きなことを活かしている人。これはわかりやすいと思います。そしてもう１つ大切なのは，職場やサークル活動など自分が所属している集団を自分に活かそうとしている人。この２つができることが，社会で生きていく上でとても大切だと思うのです。

　所属している集団の中にいて，自分も貢献するけど，そこにいる意味を自分でもっていて，自分も周りから意識的に何か吸収しているという人は伸びていきます。それは学級の中でも同じことが言えます。１つ目の自分が得意なことを活かすとか，自分のやりたいこ

とをやるとか，そういった自分に何ができるかを知り，考え，自分の力を発揮していくことは，個別最適としてイメージしやすいし，多くの先生方がやろうとしている。でももう１つ大切にしたいことがあるのです。

それが，２つ目の周りから何が得られるかという，集団を自分にどう活かすかという視点なのです。学習もそうですけど，みんなから教えてもらうとか，力を合わせ達成するとか，他の価値観に触れるとか，そこに価値を見出す視点。それがなければ個の学びや発想の広がりには限界がきます。だから，「集団を自分にどう活かす」という視点も個別最適な学びとして大切だと考えていて，その両方を個別最適な学びとイメージしています。

**赤坂**　日本の教育は割と「One for All」を強調するけれど「All for One」を教えないと感じています。今，岡田先生が言ったのは「One for All」と「All for One」の視点だと捉えました。

**岡田**　そうですね。知識は，いくらでもインターネットですぐ得られるではないですか。だから，それぞれの子が知らないことや知りたいことを「先生教えて」と言われて教えるのは個別最適ではありません。暗記するということにも，「どれだけ意味があるかな」と思います。

だからそういう個別の学習，個の理解不足を教えてあげる学習，それは習熟としては「あり」だと思います。しかし，ねらうのはそこではないのです。担任の仕事は，互いが互いの不足を補いながら高まっていく集団を育てることなんです。もっと言えば，高め合う集団をつくる，つまり社会で自分らしく生きるための資質・能力を子どもたちにつけること。

具体的には算数が得意とか，絵が得意とか，話すのが得意とか，リーダーシップを図れないけれど黙々と何かをやるのが得意とか，人の相談に乗るのが得意とか色々あると思うんですけど，そういっ

た，自分は何が得意で，ここでどういうふうに自分の力を発揮できるのかを，知っていくという営みと，同時に，教えてもらったり，アイデアをもらったり，一緒にやったり，自分を客観的に見てもらったりする，他者から学ぶ力を育む営みです。

赤坂　それは集団を自分の成長に活かすという2つ目の側面ですね。

岡田　はい。自分が「集団の中でできること」と，「集団からもらえるもの」を自覚していくような授業のあり方が，個別最適な学びというイメージでやっています。

赤坂　岡田先生の個別最適な学びというのは，自分の強みを集団に活かしていくという軸と，集団からもらうものを活用して自分を高めていく，その2つの軸があるわけですね。

岡田　はい。

赤坂　では，個別最適な学びは個別の学びではないということですね。

岡田　そうです。

赤坂　岡田先生の言う，「最適」の意味をご自身の言葉で言うとどうなりますか。

岡田　例えば私は，「わからないことをわかりません」と言えるクラスにしているんですが，子どもはよく「この漢字の読み方がわかりません」とか言いますよね。しかしもっと進んで，「どこがどうわからない」ということが大事だと思っていて，「わからなさの質を高める」ようにしたいと思っているんです。その自分の「わからなさ」「知りたさ」「もっと深く知りたいこと」を追究していくのが最適ではないかと。

　例えば，子どもの中に，よくわからなくて恥ずかしいという感覚があるではないですか。音読のときに読めないと恥ずかしいという感覚とか。でもそれって，知識面で暗記しているかどうかという，そういう「わからない」，つまり，覚えていないから恥ずかしいとか，わからないということが勉強不足みたいな，頭が悪いみたいなイメ

ージとつながるから「わからない」と言えないのだと思います。

　でもそうではなくて，「わからない」ということは，本当だったら勉強すればするほど「わからない」ことが出てくると思うんです。だから，「わからない」というのが，「漢字が読めません」とか「知りません」という意味ではなくて，「この意味がもっと深く知りたいけれどわからない」とか，歴史上の人物であったら，「この人，何でこのときに，この時代にこんな行動をしたのかが私はまだよくわからない」とか，「自分はこういうふうに考えるんだけれど，筆者はなんでこういう捉え方をしたのかがわからない」とか。それは，学び進められているからこそ生まれる「わからない」なわけです。そういう「もっと知りたい」，「興味が湧いた」というところがそれぞれ出てきて，そういうわからなさ，その子が「わからない，知りたい」と思ったところを追究していくというのが，個別最適だと思うんですね。

　そういった意味で，それぞれのわからなさを追究するのが個別最適ではないかと考えています。

**赤坂**　そこにさっきの，自分の強みを集団に発揮する子と集団を自分の成長に活かすことに絡めて言うとどうなりますか。

**岡田**　絡めて言うと，例えば，「友だちがわからない」という事態が発生したときに，わかっている子が中にいて，その子にわからせようとしたら，わかる子は，わからない子のわからなさに対して，根拠を探したり資料を見せたり，論理的に話そうとしたりしますよね。

　そういうときに，説明している子はただ知識を披露しているだけではなくて，自分の力も高めているわけです。そうすると，授業の中では，わかっている子がつまらない授業ではなくて，わかっている子が自分の力を高めたりプッシュしたりする必要性が生まれます。自分の力を最大限発揮して相手の「わからなさ」に答えようとする。

**赤坂**　はい。これは，自分の強みを発揮していますね。しかも，質の高

いわからなさが，わかる側の質も高めることになりますね。

岡田　　発揮しています。ですけど，ここで大事なのは，教えるだけではなくて，教えることで自分もだいぶ悩んだり，自分の力を高めたりしているということです。教える側は，実は与えるだけでなく与えられている部分も大きいのです。説明している子も力を高めているのです。クラスの子にはそれを常々伝えていて，教える側に自分を高めている自覚をもたせています。

赤坂　　集団から力をもらうということですか。

岡田　　はい。双方ですが，集団の中では，教えてもらう側も教える側も力をもらっていると思います。論理的説明も，資料の活用も，相手がいてこそ必要となるもので，一人では成り立たないですから。だから「本気で教える・教えてもらう」という学びは，教えてもらう側が学んでいるのではなく，双方向性のある学びだと思っています。

赤坂　　今これ，集団と表現しましたけど，他者でもいいですよね。

岡田　　そうですね，他者でもいいですね。

赤坂　　ですから，自分の強みを他者に発揮する軸と，他者から自分の強みを引き出してもらう軸，この２つが，「One for All」，「All for One」ですね。そうするとそれが全ての教科，全ての学習場面であれ生活場面であれ，そういったような状況が常に発生するようなことを実践されているわけですね。

岡田　　そうですね。

赤坂　　岡田先生の「One for All」，「All for One」における All というのは，集団とかというかたまりのような結束したものではなく，バラバラまたは，緩やかなつながりの多数ですね。

岡田　　そうです。線がたくさん生えていると思います。ですから黒板の前で発表しているというだけではなくて，もっとそれこそ，それぞれのわからなさとか知りたいなって思っているところに対応しているのではないかと思います。

| 赤坂 | なるほど，Win-Win の関係ということですね。学習者それぞれが Win-Win の関係でつながる。そうすると，先程の「先生，教えて」とかインターネットで調べるということは，Win-Win ではないってことになりますね。 |
|---|---|
| 岡田 | そうですね。それは Win-Win ではないと思います。 |
| 赤坂 | ただ，大きな意味で言えば，教師が子どもに教えるということで，教師はいろいろなものを得ているかもしれませんが，岡田先生の学級経営観においては，主眼はそこにはなく，Win-Win の関係は，子ども同士において成り立つものということでしょうか。もちろん，いずれ社会などより大きなコミュニティに活かされる力として発展していくことは冒頭に述べていただきました。 |
| 岡田 | そうです，はい。 |

## 「協働」とは，同じ目的に向かって学んでいる状態

| 赤坂 | では，今の話にかなりかかわってきたと思うのですが，協働的な学びとはどのような学習のことをイメージしていますか。 |
|---|---|
| 岡田 | 協働的な学びというと，私が大学院で学んだ杉江修治先生に代表される「協同学習」が私の思う協働に近いです[1]。それが大前提であって，話し合いとか発表し合いとか教え合いとかの活動の一つ一つを協働だとは思っていません。どんな形であれ，同じ目的をもって |

1　杉江修治『協同学習入門』ナカニシヤ出版，2011
　本書の中で杉江氏は，協同学習とは「集団の仲間全員が高まることをメンバー全員の目標とすることを基礎に置いた実践すべて」，「学級のメンバー全員のさらなる成長を追求することが大事なことだと，全員が心から思って学習すること」などと説明している。
　対話の中には，協働と協同という言葉が出てくる。岡田氏は，協働的な学びに対して協同学習の考え方からアプローチしている。協働的な学びには多様なあり方が考えられるが，本稿では，協同学習は協働的な学びのあり方の1つとして捉え対話が進められている。

いること，もっている状態の学習が協働的な学びかなと思っています。

赤坂　　目的に向かって並ぶ関係ですね。

岡田　　はい。そうですね。よく指摘されるのが，グループ等で話し合いの活動をしていても協働していない現象。そういう状況なんかありふれていると思っています。

赤坂　　話し合っていても，目的が共有されていない場合は，ただ言葉がやりとり，流通しているだけであって，協働にはなっていないですね。

岡田　　なっていないですし，グループ活動において，塾に行っている子など，そもそも知識のある子の意見が採用されている，という状態や，同じ学習班で何度か話し合うといつも同じ子の意見が採用されているという状態であったとしたら，一斉学習や個別学習よりも悪いと思います。

赤坂　　それは発言の対等性が保障されていない状況ですね。

岡田　　はい。ですから，同じ目的に向かって全員が参加し学んでいる状態をつくることが必要です。

赤坂　　その同じ目的というのは，それは教材や学習課題のことを言っていますか。または杉江先生の言う，「協同」の理念や学び方の課題のことを言っていますか。

岡田　　どちらも言っています。具体的に言うとしたら，算数，国語，理科，社会でもありますが，ここでは総合的な学習の時間を例に挙げます。

例えば今年５年生で実践した安全教育の取り組みで言えば，全校の怪我を減らそうという共通の目的に向かって，できることをそれぞれが考える。

また，前任校でやった例で言うと，自分たちでつくったお米をみんなに食べてもらおう，学校でカフェを開こうということに向かっ

て活動する。チラシを描くのが上手い子，料理をするのが上手い子，発表するのが上手い子がいる中で，自分にできることを考える。そして，全員が何かしらその目的に向かって動く，というそういうイメージです。

赤坂　今の話はとてもイメージしやすいですね。学級経営もそんな感じではないでしょうか。学級目標があって，そこに向かって自分のできることを，自分の強みを活かしてやっていこうということですよね。

とてもよくわかる話でしたが一方で疑問も湧いてきました。例えばですよ，協働的な学びって，岡田先生の現在の専門である図工といったときに，図工って個別の作品づくりを目的にしていますよね。それは，「協同学習」になるんですか。

岡田　それぞれがつくっているときにはならないです。お互い見合ったり刺激を受けたりすることはあるけれども，割と個の学習です。

赤坂　では，図工においては，岡田先生の授業では「協同」はしないのですね。

岡田　そうでもありません。今，Chromebook を使っているんで，お互いの作品を見合いながら，鑑賞と制作を一緒にしながらやることがあるので，そういうときは，他の人の作品が刺激になりながらつくります。そういうのは「協同」状態だと思います。

赤坂　本書の対話者，一尾先生のオルタナティブスクールでは，生徒たちは学習目標がバラバラなのですよ。それぞれの目標をもって自分の決めたことをやっているのです。しかし，一尾先生は，それも協働の１つのあり方だと捉えている。つまり，互いがそばに一緒にいてやっているわけですね。そしてその人の問題解決の仕方をチラチラ見ながら，模倣していたりするという，それも協働ではないかという話なんです。今の話を聞いて，ちょっとそれに，似ていると思いました。

つまりＡちゃんは作品Ａをつくって，Ｂちゃんは作品Ｂをつくって，つくっているものはみんなバラバラなのです。しかし，作品をつくろうという大きな目的は共有されている。そうした状況で，仲間の作品のつくり方を見ながら，参考にしたり，模倣したりしている。互いの作業を見ながら，「え～！それいいねぇ」とか言いながら活動する。それも岡田先生の中では「協同」になりますか。

岡田　なりますね。

赤坂　では，実際の授業の中における個別最適な学びと，協働的な学びの往還状態というのはどういう感じに見取っていますか。

岡田　両方のつながりですか。

赤坂　日々そういう場面を見ていませんか。

岡田　はい。同じ目的をもってるというのはあって，けれど一人一人がそれに向かってやろうとしていることが違うというのは，総合的な学習の時間の例もそうですけど，図工も同じだと思います。大きな目的があるけれど，それぞれがやっていることは違っていていいと思うんです。みんなが違うことを，得意なことを活かして１つの目的が達成されるときって，一人ではできないことじゃないですか。
　その一人ではできないことを，達成するということに，協働的な学びをする意味があると思うんですね。

赤坂　岡田先生の言う，協働する意味というのは，一人でできないことを他者とやる，一人できないことを解決するときに力を合わせる，それを協働と言うんですね。

岡田　それもそうなんですけれど，単に力を合わせるという意味でなく，力を合わせることで，自分が高まっていると思うんですね，一人でやっているときよりも。

赤坂　と，言いますと。

岡田　それはですね，他者に理解してもらおうと思うには，努力が必要だからです。自分だけがわかっているという以上のものが必要だと

いうことです。具体的な場面で言うと，算数の解き方を説明すると きでしたら，説明する相手によって，わかりやすさを考え，説明す る順番を考えて説明する必要が出てきますし，足りない言葉を補う 必要が出てきます。

　また，社会や総合であれば，別途資料が必要になったりしますよ ね。相手がいることで，自分の中でわかっていることを外に出す必 要が出てくるので，自分の中でも言語化したり，整理したりする必 要が出てきます。だから，大きな目的に向かってみんながそれぞれ 力を発揮しているときは，個別最適でもあるのだけれど，個別最適 の集合体で「協同学習」をしていると思います。

**赤坂**　それはそうですね。そこの大きな枠はよく理解できるのですが， AさんBさんの間で個別最適な学びと協働的な学びがどう往還して いるかということを具体的に表現してもらうと，若い先生たちも授 業としてのイメージができると思います。

　今の話はとても説得力がありましたが，ある程度実践経験を積ん でいる人は，「ああ，あの場面ね」とぱっと思いつきますが，経験値 の少ない先生は，具体的な場面でこういうときにこういうようなや りとりがあると，個別最適と協働的な学びの往還について，「ああ， そうか，なるほどな」となると思うのです。だって先ほどの話は総 合的な学習の経験がないと理解できないですよね，多分。

　例えば「平行四辺形の面積の求積の仕方を説明しよう」という話 になったときに，Aちゃんのやり方，Bちゃんのやり方，Cちゃん のやり方，みんな説明が違ったりするじゃないですか。いきなり公 式を出す子もいれば，方眼を書いて出す子もいれば，三角形と長方 形に切り取ってやるという子もいるじゃないですか。

## あなたは知識を披露したいのか，
## 仲間にわかってもらいたいのか

岡田　そうですね，そういうのは確かにありました。この間やった授業ですと，算数でそういうことがありました。

例えば，公倍数の求め方が，わかる子とわからない子がいて，クラス35人中7人ぐらいいるんですよ，意味がわからないっていう子が。わかるという子に，「やり方をわかるように説明してごらん」と言うと，わかる子が意気揚々と前に出て説明するんですね。でも，「わからない」と言っていた7人が「やっぱりよくわからない，だからもっと教えて」という場面があったんですね。

私はわかっている子たちに，「あなたたち自分が問題を解けることが目的じゃなくて，自分は勉強をしたら，その知識を社会に使う必要があるんだから，得意な人はそれを使えなきゃ意味がない，わからない人にわかるように工夫して話してごらん」と言ったのです。

そうすると，その子たちは何とかその7人を「わかった」と言わせようと，言い方を変えながら何とかわからせようと頑張るんですよ。その中に，塾に行っていて素因数分解をわかっている子がいて，黒板でそんなことを書きながら「全部素数にしてからこれをかけると，公倍数が出ます」と言った子がいたんですけど，誰もわかりはしないわけですよ。

赤坂　わからないでしょうね，それは。

岡田　それで，「それはあなたが知っていることを発表したいの？それとも相手にわからせたいの？それじゃ誰もわからないよ」というように，私はわかっている子を追及していくわけですよ。そうするとその子は，何とか人にわかる言葉で言おうと，言葉を噛み砕いて努力するんですね。すると，7人のわからなかった子たちがだんだん，

146

「あ，そういうことね」とか「○○さんの説明でわかった！」とか「あー！」とか言い始めるんです。

　一方で，わからない子たちがちょっとぽーっとしていたりすると，それはそれで私は「あなたさ，今わかろうとして聞いているんじゃないの？」とか言って本気でわかろうとすることを求めるんです。

　そんな感じでわかっている子たちにとって意味のない授業ではなくて，わかっている子たちは，自分の力というかもっている力を他者に使えるように，相手意識をもって話すとか，そういう力を高めるという目的をもって授業に臨んでいるんです（写真1）。

赤坂　学級経営の話になってきましたね。**自分の知識を披露したいのか，相手にわかって欲しいのかというこの違いは，大きいですよね。**自分に関心があるのと相手に関心があるのでは，人間関係の質が異なります。

　やはり算数の時間にも，そういうような学級経営にかかわる指導をしているということですね。

岡田　そうです。あの，本当にそうで，私は，私に向かって喋っている子にも注意します。「その話，私はわかったけれどみんなはわかんないよ」とか言って。そうすると子どもたちは他者意識をもちますし，自分の力を高める必要性を感じる。知識だけたくさんもっている子たちは，それでわかった気になっているんですけど，自分の説明す

写真1　5年児童が書いた週末日記の内容

る力とか相手にわかる言葉を使うとか，そういうことってすごい頭を使うのですよ。

赤坂　じゃあ，岡田先生いいですか。今のこの素因数分解のエピソードで，「One for All」，「All for One」のイメージは割とできたのですが，一方で，一人ではできない課題に取り組んでいる状況ってこの場合は，何が「一人ではできない課題」なのですか。全員が公倍数についてわかるということですか。

岡田　全員がわかるということは，算数のねらいとしては達成はそこですよね。ですが，杉江先生の言っている協同学習で考えますと，杉江先生の言う，「一人残らず，他者の成長を願うっていう状態」が基本にあるので，算数のねらいの達成のみをねらっていません。

赤坂　つまり，教科指導のねらいで言うと，全員が公倍数の求め方がわかるということなんですが，岡田先生のねらっている一人ではできない課題というのは，互いが互いの成長を願う状態なのですね。

岡田　はい。常に同時達成というか，「授業と生徒指導の一体化」とずっと言っているので，そこは常に意識しています。資質・能力を，文科省も言っていますが，うちの学校でも言っている資質・能力を伸ばすというねらいも自分の中では明確にもっているので，教科のねらい達成と同時に，その子たちの資質・能力も高まることをねらう授業をしようと思っています。

赤坂　勤務校の新潟大学附属長岡小ではそういうのは強く意識されているんですか。

岡田　附属ではしています。身につけるべき9つの資質・能力というのを子どもにも示して，自覚化させているので，粘り強く取り組む力とか論理的思考力とか，資質・能力も子どもに示し，これを使って学ぶということを言っています（図1）。

赤坂　そうすると附属長岡小学校としては，その資質・能力の具体像が割と共有されているということですね。一般の学校では，授業研究

を一生懸命やっている学校は多々あります。教科の知識が子どもに伝わっていくという姿は熱心に追究されている一方で，今のお話のように相手意識をもって，わからない相手に誠意をもってわかってもらうという姿というのはあまり意識されていないように見受けられます。

　少し，話がずれますが，資質・能力育成型の教育をするときは，そういう具体像をつくっていく必要がありますね。わからなかったら「助けて」と言うとかの援助要請スキルなど。

岡田　あると思います。

赤坂　周りにわからなさそうな子がいたら気づいて，何かするとかといった姿のことを言っているんですよね。

## 新しい世界を創り出すために求められる資質・能力

| 認知的資質・能力 | 社会的資質・能力 | 実践的資質・能力 |
|---|---|---|
| ①論理的思考力 | ④敬意 | ⑦粘り強さ |
| 根拠に基づいて筋道立てて考える力 | 周囲の人・もの・ことに対して，相手の立場に立って，自分も大切にする態度 | 大変なことにも立ち向かい，やり遂げる姿勢 |
| ②先を見通す力 | ⑤共感的態度 | ⑧探究心 |
| 先のことまで考えて予想し，それに基づいて適切な判断をする力 | 他者の心情を受け止めようとする態度 | 知らないことをより詳しく知りたいと思う気持ちや，知りたいことや解決したいことを見つけようと最後まで努力する態度 |
| ③伝える力 | ⑥協働する力 | ⑨省察的態度 |
| 適切な表現方法で自分の考えを表す力 | 学びを深めたり，目標を達成したりするために，他者と協力する力 | 今，自分が考えていることやどのくらい理解しているのかについて，自分自身で振り返り，行動などをよりよい方向に進めていこうとする態度 |

図1　校内研究で示されている資質・能力の教室掲示

| 岡田 | そうです。だから大学院時代の連携校でやったような例で言えば，「学び方課題」というものになると思います。学習課題と「学び方課題」というのをあのとき示したんですけれども，そういうことだと思います[2]。 |
|---|---|
| 赤坂 | 先日（岡田先生がかつて配属されていた連携協力校の）３年目の先生のクラスでは，子どもたちが普通に，自分の課題が終わると「わからない人いる？」と言って他者を援助しに歩いていました。それが習慣化されていました。あの学校，「学び方課題」をやってもう３～４年経っているのでそうしたことが自然に起こるのだと思います。 |
| 岡田 | 「学び方課題」というのは，こっちがもっているのではなくて，子どもがだんだん自覚することが大事です。 |
| 赤坂 | 内在化することが大事ですね。自覚した上で，今度は内在化して，無意識に落とし込んでいく。 |
| 岡田 | そう思います。資質・能力を高めることが目的になると，またそれも違って，ただの形骸的な話し合いになります。かかわることが目的ではないわけですよ。だから，資質・能力を使うことによって，学びも高まるということを子どもが自覚する必要がある。学習目標が達成され，また，学び方のスキルもより定着する。学んだことの自覚を促すのは教師のフィードバックだと考えています。このことは，論文に書かせていただきました[3]。 |
| | 大学院を出てからさらに試行錯誤をしましたが，今も研究したことをやっているということです。 |

---

2　上越教育大学教職大学院では，カリキュラムの一環として連携協力校に院生が赴き，現場の職員と共に学校課題を解決することを学校実習として行っている。岡田氏が大学院生時代に配属された学校では，各教科の授業において「学習課題」とは別に，子どもたち同士のかかわり方の課題を「学び方課題」と称し，授業の際に提示し，それが子どもたちの適応感や学習状況にどう影響するか効果測定をしていた。
3　岡田順子，赤坂真二「協同学習における人間関係づくりについての事例的研究」『上越教育大学教職大学院研究紀要』第５巻，2018，pp.1-12

赤坂　フィードバックは大事ですね。今，そのフィードバックを校内研修のテーマにする学校も出てきました。

岡田　あ，本当ですか。なんかそこが大事かな，と。自覚化しないと結局やらされているということで終わるのですよね。

赤坂　今学校連携では，「ステーション授業構想」[4]というコンセプトで学校連携を進めているわけですけど，「ステーション授業構想」の肝は何かと院生たちが議論して突き詰めていったら，フィードバックに行き着いたわけです。でもまだ現場とは開きがあると感じています。

岡田　それはわかります。私も，最初はあちらこちらでフィードバックは手立てにならないって言われました。ある意味そうかもしれません。授業の指導案レベルでは，確かにフィードバックを手立てに入れられないかもしれません。でも子どもたちが自覚化しないと定着はしないのです。

　　　長い目で見ると，フィードバックはその行動の効果を自覚化することに役立っており，それは大きな手立てだなと私は思っています。

赤坂　そのフィードバックが手立てにならないというのは，ある種教師の思い込みに近いところがあるのではないかと思っています。「教育の効果」という本を書いたジョン・ハッティという人の研究によれば，フィードバックが非常に教育的効果をもつことが示されています[5]。子どもの学力に対して相当高い影響力をもっているということです。ですから，本当は手立てに入れるべきなのですよね。

岡田　私もそう思います，そうなのです。

赤坂　ではそうなってくると，協働的な学びと個別最適な学びが往還し

---

4　ステーション授業構想とは，学級経営を中心に各教科等をつなぐカリキュラム・マネジメントの1つのあり方。上越教育大学赤坂研究室で連携校との協働で取り組んでいる。

5　ジョン・ハッティ著／山森光陽訳『教育の効果 メタ分析による学力に影響を与える要因の効果の可視化』図書文化社，2018

ているというのは，岡田先生のクラスでは日常的に起こっているということですね。

岡田　　そう思いたいですね。

赤坂　　ではそういったようなことが日常的に起こることが実現できる学級経営とは，ということなのですけれども，岡田先生の目指す学級像はどういった姿が理想なのでしょうか。

## 目指すは「互いの成長を願うクラス」

岡田　　学級像は，目的型集団ですね。

赤坂　　チームですか。

岡田　　そうですね。チームとも呼びますよね。親和的集団というよりは，目的型集団。同じ目的をもつ，先ほど学習でも言ったのですが，目的をもつことと，他者理解，その二本柱です。

赤坂　　その目的とはなんですか。

岡田　　まず，学級目標も掲げていますけれども，目標って，「全力で」とか「粘り強く」とか「仲良く」とか「笑顔」とか，「３つのキ」（本気，元気，根気）とかよく見るじゃないですか，それは手立てだと思うのですよ，目標だから。

　　　　目的はそれではないんです。集団になるためには目的が必要です。「仲良く」だったら，では何のために仲良くするという目的もなければ仲良くする必要がないわけです。

　　　　なのに，同じ教室にいきなり30人詰め込まれて仲良くしなさいと「そんな話あるか」と，私は心から思っているのです。

　　　　「私なら嫌だな」と，思うのです。でもそこには目的があるから，協力しなきゃ達成できないからする必要性が出てくると思うのですよね。ですから，目的をもつ，そこしか教師は手伝えないと思って

152

います。

赤坂　その岡田先生の言う目的は何なのですか。

岡田　それはもう行事だったり学習だったりなのですけれど。

赤坂　でもそれも目標の1つなのではないですか。

岡田　そうですかね。

赤坂　その先に，目指したい価値があるのではないのですか。ひょっとしたらそれが先ほど言った，協同学習の理念みたいなものに近づいていくのではないんですか。

岡田　なるほど。

赤坂　つまり，互いが互いの成長を願う。そういったような相互扶助的なコミュニティをつくっていきたいと考えたときに，恐らく，運動会の目標は発生しますし，文化祭の目標も発生するでしょうし，個別の教科指導，1時間1時間の目標も発生していくのではないのでしょうか。

岡田　そうですね。互いの成長を願うということもありますし，キャリア教育っぽいですけれど，自分の生き方でもあるのかなと思います。

赤坂　岡田先生の生き方ですか。

岡田　いえいえ，子どもたち一人一人の自分らしい生き方。互いの成長を願いつつ，でもやっぱり人って一番大切なのは自分，それがお互い願い合っている，自分にとって何も利がなければ人の成長を願えないですからね。

赤坂　今のお話は，人の成長にかかわることによって自分になっていくということなのではないのでしょうか。

岡田　そういうことなのですよ。人のためだけに何かしろとか優しくしろとかそういうことではないのです。

赤坂　かのドラッカーは，大人の学びの本質について，他者の成長に手を貸すことによって，自分の成長がもたらされるという趣旨のことを言っていました。

| 岡田 | はい，まさにその通りです。もう本当にその通りで，例えば今5年生に1年生のお手伝いとかいろいろとさせているのですが，それはやることによってこの子たちが自分の力，自分のやっていることに意味を感じ，自分の存在意義を感じていく，人のために何かをやらせるのが，自分のためになっているのですよ。
「ありがとう」と言われたり，何か変化が起きたりして，そして，一番自分たちのためになっているという，そういう状態をつくり出す。 |
|---|---|
| 赤坂 | アドラーの考えで言うと自分も人も境目がないですからね。つまり，人にかかわることは自分をつくること，律することであり，自分の力を高めることによって，より人に貢献する，貢献することによってさらに自分が高まる，こうしたサイクルで人は成長し，社会は豊かになっていく。 |
| 岡田 | 私が担任している学級では，そうやって他の学年の子とか下学年の子のために，全校のためにということをすごくやります。小さい子であればクラスのために，互いのためにというか，互いの成長を願うという形でいいと思うのですが，5年生や6年生になる時期には，あなたの行動で全校の子どもの動きが変わるかどうか，そういうことを考えさせています。 |
| 赤坂 | 全校の子どもの動きのことですか。 |
| 岡田 | 全校を意識する，学校を変えるとか。総合ではそういうことをたくさんやっています。 |
| 赤坂 | 高学年では学校全体を視野に入れたいですね。 |
| 岡田 | そうですね。子どもたちの様子を見ていると，自分たちの活動で何か改善したということが，結局自分の喜びになって自分の自信になって，達成感になり，「次またやりたい」とか，「大変だったけど楽しかった」という感想になっていくのではないかと思っています。子どもたちがそんな感想を言うのを見ていて，やっぱり最後は全部 |

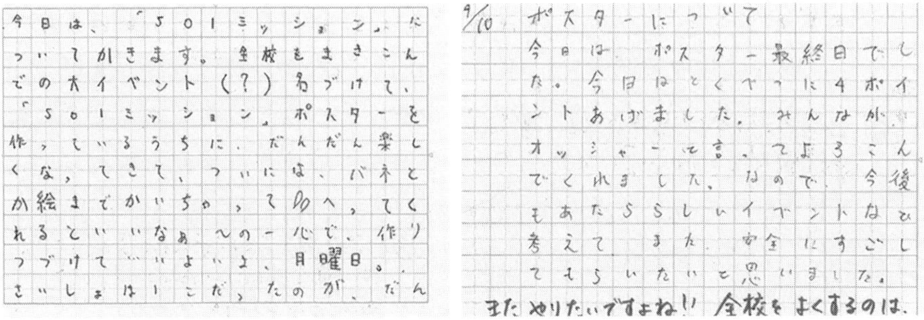

写真2　全学級を対象に安全な行動にポイントをあげるイベントの感想

この子たちが次に何かしようという力になっているのだろうなと思います。だから，人のためになることをたくさんやらせたいと思っているわけです。

**赤坂**　ただ，人のためになるっていうことが自分のためにもなるんだという考え方って，やっぱりある程度そういった環境を，権限をもっている人がつくっていく必要があるのではないでしょうか。子ども任せでは，なかなか体験できないのではないでしょうか。それが教師の仕事ということになりますね。

**岡田**　そう思います。

**赤坂**　では，岡田先生の理想の学級像というかコミュニティ像は，互いの成長にかかわり合うクラスということでしょうか。

**岡田**　互いの成長にかかわり合う……，仲良し集団的なクラスではないという感じです。最初に目的型と言いましたが，目的を達成するための共同体という感じですね。

**赤坂**　なるほど。目的達成型の共同体ですね。そういう環境だからこそ，必然的にかかわりが起こっていく。そうすると正しく個別最適な学びと協働的な学びがそこで，往還しているという図は描けそうですね。

　　一人では達成できない目的があれば，必然的に力を合わせざるを

得ない状況になりますよね。しかし，子どもたちの目的達成に向けた能力は均等ではない。能力の凸凹があるから助け合う。先ほど言った説明してわかってもらうとかそういったことを，ふんだんに繰り返していかなければいけないじゃないですか。集団を視点にして見れば，そうした営みが，協働的な学びになっているわけですよね。

赤坂　　一方その営みの渦中にいる個人を見れば，一人一人が他者から力をもらう子もいて，また他者に力を与えるということをしていて，それは個別における最適な学びになっているということではないかなと思います。

岡田　　そこに向かっていると思います。

赤坂　　では，そういったような営みがなされる学級をつくるために，岡田先生が現在大事にされていること，そして取り組んでいることを教えてください。これまでお話しされたことと被ってもかまいません。まとめの意味でお話しください。

岡田　　授業を大事にしています。学級づくりでは，特活とかお楽しみ会とかではなく，もちろん，全部がかかわってはいるのですが，1日6時間も与えられている授業時間の中で，他者理解をするとか，自分の得意を活かすとか，相手の話を聞くとか，折り合いをつけるとか，わからなさを追究するとかをやることが最も効果的だと考えています。

# 教科指導を通して人を育てる

赤坂　　それ，特活じゃないですか。

岡田　　わからなさを追究する，そして，目的を共有する。

赤坂　　なるほどね，岡田先生は授業で特活をやっているんですね。

岡田　　そういったことを教科学習でも常に意識しています。

赤坂　今，いろいろな先生方の話をしていますが，私が話の中で「授業が大事です」と言うと，何か受け取る人の何割かは確実に，「教科指導が大事」というように捉えます。

岡田　わかります。そこは，もう永遠の平行線というか，わかってもらうのが難しい。自分の言葉が足りないのですけれど。

赤坂　きっと違いますよ。それは，そういう価値観と方向性で，教師教育を受けているからです。いけすから魚をすくい上げるときに，魚の大きさに合った網を使わないと魚は編み目をくぐり抜けますが，そんな感覚です。「授業を頑張っています」と言うと，「教科指導を頑張っているのですね」となるのですよ。

岡田　わかります。

赤坂　岡田先生の，「授業を大切にしています」というのは，「子どもの生き方をここで育てたい」と思っているわけですよね。

岡田　教科の授業を通して人を育てたいのです。

　先程紹介した，子どもの振り返りノートを見ると，1週間で一番うれしかったことが「友だちに教えることができたこと」だと書いている子がいますよね。誰かの役に立つ体験をするというのは，その子の生き方に影響するほどの価値をもつと思うのです。自信のない子に居場所をつくるために，「優しくしてあげよう」「お世話してあげよう」というのは実はあまり効果がありません。実は他者のために行動することで，人は自信をつけ，居場所をつくっていきます。お世話されっぱなしの子が自信をつけていくわけがありません。だからこそ，説明し合う授業や他者にアクションを起こす授業に意味があるのです。

赤坂　生き方教育を，キャリア教育を教科の授業でしているという話ですね。

岡田　それを1日6時間で365日やったら子どもが変わるのですよ，3ヶ月で変わるわけですよ，子どもの学び方が。全く違う姿になります。

言いたいことを言うだけで，全く絡み合わないクラスはいっぱいありますが，でも，全く異なる姿になるのです。3ヶ月で変わりますよ，言葉遣いも，学び方も。

赤坂　　その取り組みを活動レベル，方法論レベルで話していただくとどうなりますか。

　　他者につなぐこと，他者の話を聞くこと，受容すること，折り合いをつけるということを子どもたちに指導しておられるわけです。こういったものを子どもたちにしつけというかトレーニングしていくわけですよね。そういうときに，具体的に何をしているのですか。

岡田　　よくそう聞かれるんですよ，今も以前も。私，それに関してずっと思っていることがあって，これは気づかなかったのですよね，赤坂先生に出会うまで。私，ただ単に常に言っています。特別な掲示もなければ，いや時には，掲示もしますけれども，特別なものはつくっていないんです。

赤坂　　「常に言っている」とはどういうことですか。

岡田　　自分の価値観だから，教科を問わず大切にしたいことを常に言っている。それは赤坂研究室の学生が私の授業を観察し分析した結果，わかったことです。

赤坂　　なるほど，岡田先生は自分の価値観を語るということを大事にしているわけですね。特別な掲示物や振り返りシートなどの道具に頼らず，子どもたちに大切にしたいことを語るわけですね。

　　伝えるというのは投げるばっかりですか。投げ返しもしているのではありませんか。子どもの様子を見取って承認したり，意味づけたり，価値づけたりする，それがフィードバックと呼ばれる営みですが，どうでしょう。

岡田　　確かにそうですね。そう言われれば，語る中身は指示より承認が多いかもしれません。「それがよかった」「その姿が嬉しい」と，価値づける営みが。

赤坂　しかも，教師の言っていることに価値があると思わせるための，何らかの信頼関係形成にかかわる営みがあるはずだと私は思うのですが，いかがでしょう。

岡田　あると思います。それは，価値を先に示し，行動を引き出す場を設定し，できたら即時フィードバック。つまりできるのを待つのではなく，できる場を設定してできたらほめる。成功するための場を意図的に設定していることになります。

赤坂　即時フィードバック。その自分の伝えた価値に即して，則った行動を見つけたらその場でフィードバックですね。

岡田　即時フィードバック。行動心理学でフィードバックは注意も称賛も行動から時間が経つほど効果が薄れることがわかっています。だから基本的に即時フィードバックですが，もちろん長期的には，だんだん伸びてきている力は，通知表に書く，個別懇談で言う，学級だよりに載せる，教室掲示に載せるといった形で，あらゆる手段で行動を価値づけますね。

赤坂　先ほど特別な掲示物はつくらないと言いましたが，あくまでも語りの補足という形の掲示はするわけですね。

岡田　そうですね。子ども自身が自覚するために。私が大事にしていることは，いろいろな場面で目に見えるようになっていますね。

赤坂　私もそこ，大賛成です。自分自身の反省もこめて。特に小学校の先生って，道具や活動に落とそうとするではないですか。

岡田　そうなんですよ。でもそれって一発屋ではないですか。

赤坂　岡田先生の本を読んで思ったのは，やっぱり語ることや価値を伝え続けることが大事なんだということですね。「永遠に語る」みたいなことが書いてありましたね[6]。もちろん比喩でしょうけど，教師が

---

6　赤坂真二，岡田順子『クラスを最高の笑顔にする！学級経営365日 困った時の突破術 高学年編』明治図書，2020

永遠というくらいの覚悟で語るわけですね。

**岡田**　毎日本気で語っていますよ。

**赤坂**　そこのところは，小学校の先生はもうちょっとちゃんと考えなきゃいけないことだなと思っています。

**岡田**　ただね，常に伝えるとか，折を見てそういう場面を見つけるというのは，その先生が本当にそう思っていないと見つからないんですよ。

**赤坂**　「本気」ですね。

**岡田**　はい。方法を学んだ人は，

**赤坂**　方法で伝えようとしますからね。

**岡田**　そうなんですよ。方法を学んで「うまくいく方法」と思ってやってもうまくいかないんです。教師が本気で価値を感じているからこそ，子どもが価値ある行動をしたときすぐに気づいて称賛することができる。それがなければただの形骸です。学級経営で悩む若手の先生が活動だけを真似してもうまくいかないのは，そのせいです。

**赤坂**　岡田先生が，杉江先生の考え方に触れて，ピンときたのはもともとそう思っていたからではありませんか。

**岡田**　そう思います。私は，「協同学習」を大学院で学んだのですけれど，価値観は変わっていないのです。多分言葉を知ったのです。

**赤坂**　自分の思いを，より正確に表す言葉に出合ったというのが大学院だと。

**岡田**　そういうことなのですよ。言葉を知り，「あぁなるほど，自分が今までなんとなく思っていたことは，理屈をつけるとこういうことね」ということが何度もありました。

**赤坂**　自分とアドラーの主張の関係もそうですね。自分の思っていることを言語化し，形態化して見える形にしているのがアドラーの思想だったということですね。結局そういうことなんですよね。

**岡田**　そう思います。ですから，見えない人が見えるようになるという

のはすごいことで，価値観が変わるほどの変化を意味します。子どもを価値づけるのが苦手な先生が，価値づけられるようになるには，その価値が本気でその先生の中に入る必要があります。これは難しい。今は大人に研修することが増えてきたので，そんなことを考えます。

　だから，「個別最適な学び」や「協働的な学び」でどんな活動を取り入れていくにせよ，それを形骸化させないためには，そこにある価値を教師が本気で語れなければいけない。

　子どもが自分たちのやっていることにどれだけ価値を見出せるかが重要だと思います。価値ある学びをつくり出すのが，教師の力量と言えるかもしれません。


## 【対話を終えて】

　岡田先生の協働的な学びと個別最適な学びは，一人ではできない課題に取り組む過程で自然発生的に起こっているようです。岡田先生の教育観の根底には，勉強はわからなくて当然，人はできないことがあるのが当たり前，つまり，私たちは不完全な存在である，だからこそ，互いを補い合う力が生きる力の根源だと言っているように聞こえました。

　岡田先生の言う一人ではできない課題とは，特別活動場面では行事等の成功であるし，教科指導場面では，全員が学習課題を到達することです。全員がクリアすべき課題を前にして，子どもたちの能力には凸凹があります。そこでは，「わからない」という状況になる子どもが生じます。一斉画一の価値観のクラスでは，わからない子は困った存在ですが，岡田先生のクラスでは，わからない子の存在が，周囲の子に向上をもたらす存在になります。

　その子に理解してもらうために，わかっている子は自分の力を総動員して支援します。ここで面白いのが，「わからないの質を上げる」という発想です。考えてみれば当然そうで，問いの質が高ければ答えの質も高くなります。

「英単語がわからない」と言われるよりも，「英文法がわからない」と言われた方が当然答える方の力量の高さが求められます。つまり，できない，わからないの質が上がると，それを支援するレベルも上がる，こういうことよって集団全体の質が上がるという考え方が，実にユニークです。

　全員がゴールに到達するという課題における営みは，力を合わせて全員がゴールに到達する協働という営みをしている一方で，個に目を移せば，個は，一人で考えたり，誰かに相談したり，誰かを助けているわけです。協働学習を実践している方ならおわかりかと思いますが，勉強ができる子は協働を歓迎しない傾向があります。一人でもできることをなぜ，人とかかわらねばならないのか。そうした認識に対して，岡田先生は「あなたのその豊かな知識はただ披露するためのものなのか，人を助けるためのものなのか」と容赦しません。これだけの語りをしても，それが受け取られるだけの信頼関係をつくっているところも，岡田先生のすごさだと言えます。

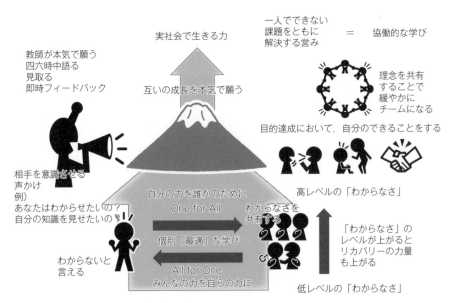

図２　岡田氏の個別最適な学び×協働的な学びのイメージ

岡田先生の理想の学級経営観は，団結や結束とは真逆の集団でした。しかし，そのつながりは断ち切れることはなく，安心して「わからない」と言えて，そのわからなさに応じた必要な支援，援助が受けられるという緩くつながった集団でした。そのつながりを維持しているものが，「全員の成長をみんなで願う」という理念の共有だったのではないでしょうか。そして，岡田先生がなぜその理念を尊重するのか。それは，岡田先生が，実社会で生き抜く「人」を育てたいからでした。カリキュラムにおいて人間形成というと特別活動とかかわりが深いように思われますが，岡田先生には，特別活動も教科指導も全てがつながっていて，目的に向かって起動している印象を受けました。岡田先生の存在自体が，カリキュラム・マネジメントであり，カリキュラム・マネージャーとしての姿をそこに見たように思います。

# 互いのあり方を認め合うカルチャー，
それは「圧倒的に聞く」ことから

対話者： 北森　恵
（きたもり　めぐみ）

　小学校教諭20年目。富山県公立小学校教諭。宮城県公立小学校教諭，聾学校教諭を経て，現職。学級経営を軸にして，「子どもたちが動きたくなる」授業づくりを実践中。共著に『学校を最高のチームにする極意　職員室の関係づくりサバイバル　うまくやるコツ20選』『学級を最高のチームにする極意　教室がアクティブになる学級システム』『学級を最高のチームにする極意　保護者を味方にする教師の心得』『赤坂真二＆堀裕嗣直伝！最強の学級開き』『クラスを最高の笑顔にする！学級経営365日　困った時の突破術　低学年編』（以上，明治図書）。手話通訳者としての顔ももつ。

# 自分で決めて試行錯誤する学習

赤坂　北森先生は，これまで前年度に荒れたクラスを任されて，それを立て直したり，また校内の機能が低下したクラスのサポートをしたりしてこられました。学力学習状況調査においても，過去問やドリル学習に頼らずに授業改善によって，子どもたちの学力保証をしてきました。そんな北森先生に個別最適な学びと協働的な学び，及びそれを支える学級経営についてお聞きしたいと思います。

　では，まず，先生が考えられる個別最適化された学びとはどのような学習，学びをイメージしていますか。具体的な実践を交えてお話しください。

北森　子どもたちが，自分で選ぶという要素があるといいなと思っています。選択をして，手立てなり学習形態なり，自分で選べる，そういう要素を授業のどこかにいつも入れていることで，子ども自身が学びに責任感をもてる気がします。

赤坂　なるほど。具体的に言うとどういうことでしょうか。

北森　例えば，今，算数でやっているのは，学習課題があって，そのゴールに向かって，誰とやってもいいし，どんな手立てを使ってもいいし……例えば Chromebook を使ってもいいし，朱書きの教科書を使ってもいいと。答えがわかればそこまでの道筋がわかる子もいるので，だったら使っていいというふうにしています。その結果，振り返りを見ると「今日はこういうふうにやってみたんだけど，こんなふうにうまくいかなかったから，次はこうしてみたいな」というような調整をしていくようになるなぁと。

赤坂　自己調整学習のようなイメージですか。

北森　そうですね。そういう子どもたちの姿を見ていると，自分で決めて，自分で調整していくというような形が，今，「個別最適化」だなと感

じています。自分で決めて，トライ＆エラーしていくって感じです。

赤坂　　ちょっとよろしいですか。でも，形態は一斉指導でやっているわけですよね。

北森　　一斉授業ではないときもあります。

赤坂　　どういうときですか。

北森　　UDL に近いような形です[1]。一斉授業の中でもそういうことを仕組むこともありますし，ずっと座りっ放しということがないようにはしています。

赤坂　　その UDL の授業を具体的に教えてください。

北森　　私のしていることを UDL と言っていいのかわかりませんが，まず，授業のゴールである学習課題があって，それを解決するための学習形態だけでもたくさんありますよね。一人でやりたい子もいるし，担任の私と勉強したい子もいます。あとは，オプションと呼ばれる子どもたちの学びや理解を促進するための手立てを用意しています（図1，図2[2]）。

赤坂　　具体的な課題で言うとどうなりますか。

北森　　「わり算の筆算ができるようになろう」とか，そういう課題に向かって，子どもたちが「どうやってやろうか」と模索しはじめます。

1　UDL（Universal Design for Learning：学びのユニバーサルデザイン）とは，学習科学に基づいた3原則をめぐって構造化された指導のフレームワークのこと。その3つの原則とは，
　1，認知的学習をするために，提示に多様な手段を提供する。つまり，教えるものや学ぶものを提示するのに柔軟な方法を提供する。
　2，方略的学習を支援するために，行動と表出に多様な手段を提供する。つまり，どのように学び，知っていることをどのように表すか，その方法に柔軟なオプションがある。
　3，感情的支援を支援するために，取り組みのための多様な方法を提供する。つまり，やる気をおこし，維持するために柔軟なオプションがある。
（トレイシー・E・ホール，アン・マイヤー，デイビッド・H・ローズ著／バーンズ亀山静子訳『UDL 学びのユニバーサルデザイン クラス全員の学びを変えるアプローチ』東洋館出版社，2018より）
2　北森氏が，校内研修で若手教師に UDL を説明するときに使用したスライド。これを見ると，授業づくりにおいて，学習課題の解決方法に子どもたちに自己決定の機会を与えていることがわかる。また，振り返りによって次の学習への動機づけや学習方略を子ども自ら調整するよう促していることがわかる。

UDL（学びのユニバーサルデザイン）
「どう教えるかではなく，
どう学ぶか」
学習者主体の学習
学習の困難はカリキュラム
にある。

<small>（花熊曉「ユニバーサルデザインの学級・授業づくりの意義と課題」<br>『社会問題研究』，2018）</small>

どんな風に学習課題を
解決したいですか？

必要な手立てがあれば
選んで使っていいので
安心して学んでください

最後は自分の学びを振り返り，
次に活かしましょう

授業のゴールはここですよ

GOAL

指導書見せて

自分で！

友だちと一緒に

調べたい

先生と

図1　北森氏の捉える UDL のイメージ①

　まず「誰と一緒にやる？どんなふうにやる？」って学習形態を聞きます。「友だち同士でやりたい」と思った子たちは一緒にやりたい子たちでグループをつくっていますし，静かなところで一人でやりたいという子は廊下に机を出してやってることもあります。

**赤坂**　それは先生が選択肢を与えるという感じでしょうか。それとも，「自分でやりたいことを言って」と言うのでしょうか。

**北森**　最初に導入したときは「こういうのもあるんだよ」と私から提示しました。

**赤坂**　ですよね。だって子どもたち，経験がなければ一斉授業しかイメージがないでしょうから。

**北森**　そうですね。

**赤坂**　では，最初はどんな選択肢を与えたのですか。というのは，読者の中には初めて UDL に触れるという先生もいるわけです。

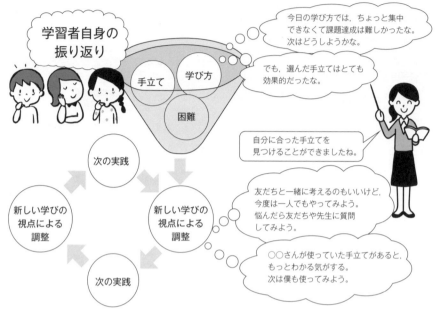

図2　北森氏の捉える UDL のイメージ②

北森　　最初は,「先生とやるか, 一人でやるか, 友だちとやるか決めてい
いよ」と言いました。

　次に, デジタル教科書を使ってもいいし, 朱書きの教科書を使っ
てもいいし, 友だち同士教え合ってもいいし, なんでもして大丈夫,
と。「自分がわかるんだったら, その方法を選んでいいんだよ」と話
しました。始めた当初は,「私とやる」という子が5, 6人いました。
「友だちとやる」という子もだいぶ多かったんですが, だんだん「友
だちとやると甘えちゃうから」と一人でやり始めたり, 課題によっ
て形態を変える子もいたり。

　授業の途中でグループ同士交流していたり, 一人でしている子が
友だちにヒントをもらいに行ったり, 私に説明しにきたり, 今は,
自由に選んでいます。

## 「最適」とは，子どもの選択とその支援が保障されていること

赤坂　多分，UDL の授業に触れたことのない先生が一番不安なのは，終末場面で評価をどうしているのかということですよね。そこら辺はどのようにしていますか。まとめ，というか。導入，展開，終末という，一般的な指導案の流れで言うと，終末はどうなるのですか。

北森　終末は，最後に全体に戻って学びをシェアする時間をつくっています（図3）。

赤坂　何分ぐらいですか。

北森　10分くらいです。

赤坂　とすると，例えば，導入のインストラクションが大体5分か10分くらいだとして，30分くらいそれぞれの学び方に沿った学び方で課題探求していくわけですよね。

北森　はい。

赤坂　そして，最後の10分くらいに学びのシェアをするって形ですね。

北森　そうです。

赤坂　例えば，先生のどんな声かけでシェアが始まるのですか。

北森　子どもたちに何分欲しいか聞いて「今日は20分でやってみよう」と課題に取り組む時間を設定します。終了のタイマーが鳴ったら，子どもたちが自分の席に戻ってシェアする時間が始まります。ただ，その前の20分の間に子どもたちの中でシェアが始まっています。隣のグループと「どんな考えが出た？俺たちこんな感じなんだけど」みたいに。だから，全体で集まる前に，友だちの考えというものにもある程度触れている状態で，最後のシェアが始まる感じです（図3，4）。

赤坂　そこは教師が，具体的に声をかけないんですか。「シェアしますよ

ー」みたいな。

北森 　あぁ。最初はしました。でも，子どもたちがなんとなく流れがわかってくると，「シェアタイムかぁ」みたいに自然に動いてます。

赤坂 　実践したことのない先生にとっては，子どもたちが自動化されて

| 自治体推奨の学習過程 | 勤務校のある学年の過程 | 北森学級の過程 |
|---|---|---|
| 課題をつかむ | 課題・問題確認タイム | 課題をつかむ |
| 考えをもつ | パワーアップタイム | 考えをもつ / 協働と対話 / 考えをシェアする |
| 考えを交流する | おすすめタイム | |
| 学習のまとめと振り返り | まとめ・振り返りタイム | 学習のまとめと振り返り |

図3　自治体推奨の学習過程・勤務校のある学年の学習過程・北森学級の学習過程

図4　北森氏の授業を元に描いたイラスト（シェアタイムの様子）

いるのを見ると，モヤモヤするわけですよ。「どうしてこうやって動けるの」と。先生も若いころあったのではありませんか。

**北森**　そうですね。なるほど。

**赤坂**　そういうときに，最初の一押しはどんなインストラクションがあったのかということをお聞きしたいのです。

例えば，先生が「こうやろう！」という先出しのインストラクションもあれば，逆に子どものいい動きから「今日，○○さんたちがこういうふうにやっていたのだけど，そうなってくれると嬉しいな」というような後追いのインストラクションもありますよね。先生はどっちのタイプが多いですか。

**北森**　どちらもあります。授業の最初は「この単元でできるようになるのは，こういうことで」とか「その中でも今日のゴールはここで」というようなことを，詳しく説明します。「こんな力がついていくよ」と。そして，「それを自分で学び取れるようになってほしい」と子どもたちには話しました。赤坂先生がおっしゃった後者のインストラクションは，「今日の授業で，○○さんがこんなふうにしていたよ」とか，「実は昨日の授業でこんな素敵な学び方をした人がいたよ」とロールモデルとして伝えています。

**赤坂**　それ，子どもの「聞く」が育っていないと無理ですよね。

**北森**　UDL を始めたときは「いつものあなたたちの様子を見ていて，自分たちで考えたり，人と相談したり，そういうことが好きなのもわかるから，そんな学び方をしていってもらいたいんだよね」と話しました。「ずっと先生が『こうだよ』と手取り足取り教えるのは，もうみんなには十分なんじゃないかな」と言って，スタートしました。

そんな感じで，最初は「やってみない？」みたいに誘った気がします。

**赤坂**　「そんなふうにやってみないか？」と，ですか。

**北森**　はい。「みんなの力を試してみたい」と。そんな感じで始まってい

ます。

赤坂　今の話は学級が集団として機能していないと「やってみない？」って言われたときに「別にできなくていいし」という子が出てきますよね。でもそうやって「やる！」というように言うってことは，それなりのクラスができていないと，難しいのではと思います。

北森　そうですね。最初に UDL をやった３年生のクラスは，クラス替えしたばかりの休校明けのクラスでした。そのとき，子どもたちはずっと座らせられるよりは，もっと人とかかわっていきたいという思いが強かった気がします。

　　休校中，誰かとかかわるということがなかったからでしょうね。私も，前に立ってずっとしゃべっているような授業じゃなくて，子どもが自分で成長を実感できるような，誰かにもらった力じゃなくて，自分で掴み取っていく学び方を実感してほしかったというのもあるので。そういうことも，子どもたちに話しました。

赤坂　それは，３年生のいつくらいですか。

北森　休校明けの６月です。

赤坂　いきなりできたのでしょうか。

北森　最初はやっぱり，うまく自分に合った方法が選べないですよね。

赤坂　そのスタイルに対する不安ってありますよね。それもあとでどうやって解消していったのかという話もしてください。

　　では，次の質問にいきます。協働的な学びとはどのような学習のことをイメージしていますか。具体的な実践を交えながら教えてください。これまでの北森先生のお話ですと，要は，個別最適な学びと言いながらも，個別で学んでいる子もいれば，友だち同士で学んでいるとか，先生に教えてもらっているとか，それが，その子にとっては最適なのですよね。

北森　そうです。

赤坂　では，協働的な学びの話の前に，北森先生にとっての個別最適の

「最適」はどういうイメージか教えてください。やっぱり「選択できる」ということですか。

北森　自分で決める，ということですかね。

赤坂　自己決定が保障された状態を「個別最適」というふうに呼んでいいということですね。

北森　そのときの，私たち教員がやることは，その子が選んだことを支援していくことなのかなと思います。

赤坂　その子が選んだことに対する支援が「指導の個別化」ですよね。つまり，学習の個性化で子どもが学習過程を選びます，その子どもが選んだことに対して先生が支援します，それが指導の個別化ですね。わかりやすいですね。今の北森先生の話で，個別最適な学びの中での学習の個性化と指導の個別化というのが，すごくはっきりしました。

では，協働的な学びの方にいきましょう。協働的な学びのイメージを教えて下さい。今みたいに具体的な実践を挙げながらお願いします。

## ミクロの協働とマクロの協働の同時進行

北森　ずっと協働的な学びでやってきている気がして，どれがというのがちょっと言いにくいです。

赤坂　一番自分の授業の中でもっとも典型的なパターンを教えてください。具体的な課題とともに。

北森　今よく耳にする言葉で言うと「対話的な学び」というのが「協働的な学び」なのかなと思います。子どもが自分の強みをわかって，それをシェアできたりとか，逆にできないことをありのままに「わからないから教えてほしい」と援助要請できたりとか。全員が必要

とされているような学び方が「協働的な学び」というのではないかなと思います。

赤坂　本書は，経験年数の少ない先生も具体的な実践をイメージできるようにしたいのです。だから，どんな教科で，どんな課題を出したら，子どもたちがこんなふうに動いて，こんな場面で援助要請してという話が聞きたいです。

北森　国語だと，「ごんぎつね」で子ども同士の読みが違ったりしますよね。最初，「ごんはいたずらばかりして嫌な奴だな」と思っていた子が，友だちの意見を聞いて「ああ，ごんはさみしい子だったんだな」と，自分と違う新しい読みに気づいていくこともあります。「こういう考えもあるんだ」とか，それも「協働的な学び」と言えるのではないかと思います。

赤坂　互いの読みを交流し合うようなイメージですね。

北森　それから，算数で言うと，わからないことを友だち同士で教え合うのは，わりとどの学校でもあるのではないかと思いますが。1つの課題をみんなで解決していこう，という，それが「協働的な学び」って言えるのではないかと思います。

赤坂　つまり，課題に対して子どもたちが自分の考えをもち，それを多面的に，自分の見方で語り合うことによって，深堀りしていったり，または，断片的な知識を寄せ集めて，総合的な知識の塊にしていったりする，そういうイメージでしょうか。丁度，ジクソーパズルを組み合わせるような感じです。

北森　究極で言うと，ただ座っているだけの授業でなければ，「協働的な学び」と言っていいのではないかと思っています。

赤坂　しかし，「協働的な学び」というときには，「学び」という以上は，対話しながら，かかわりながら何かしらの自分の変化がそこに起こっているわけではないですか。

北森　そうですね。

| | |
|---|---|
| 赤坂 | さっきの話だとゴールに向かって子どもたちが，いろんな意見を混ぜ合わせたり，戦わせたりしている一方で，わからないときに「助けて」と援助要請している子もいる。その援助要請していることも「協働的な学び」と，さっきチラッと言いませんでしたか。それが多様な他者との協働ってことですね。 |
| 北森 | そうですね。 |
| 赤坂 | この，異なる考え方が組み合わさって，深い学びを生み出していくっていうイメージをおっしゃっているわけですね。 |
| 北森 | はい。山登りみたいな感じです。 |
| 赤坂 | なるほど，深掘りというよりも高みを目指すわけですね。具体的にお願いします。 |
| 北森 | 山登りも「頂上に登る」という課題があるじゃないですか。一人で登りたい人もいるし，パーティーを組んで行く人だっているし，エベレストに登った三浦雄一郎さんみたいに「下山はヘリだ」という人もいるし，いろんな方法があって，みんなで課題に挑戦しているという状況です。 |
| 赤坂 | 対話していることを協働と言っているのではなくて，いろいろな学習形態が同時進行している状態も，「協働的な学び」というふうに捉えているわけですか。 |
| 北森 | 同時進行しながらその中で，対話はあると思うんですよ。子どもたちの様子を見ていると。 |
| 赤坂 | なるほど。ツクルスクールの一尾先生（pp. 215〜239）のイメージに近いかもしれません。一尾先生が言っておられるのは，互いに全然違うことをやっていても，隣で別の営みをしているそのものも協働なんだと，彼は捉えているのです。 |
| 北森 | あ，わかります。 |
| 赤坂 | 「それって協働なのか？」と疑問を挟む人もいるかもしれないのですが，一尾先生にとっては，別のことをしていることを承認するこ |

とも協働なんだという捉え方なのですね。でも，北森先生の場合は，学校という枠組みの中の話なので，1つの課題に向かって子どもたちが多様な学び方をしている中で，一人で学習している子，グループで学習している子，先生と学習している子，そういったいろいろな学習形態の中でも，完全に分断しているのではなくて，1つの空間の中でやっているわけだから，「ねぇねぇ，これどういうこと？」とか「ちょっと見て見て」といったことも起こっていて，それも「協働」だって言っているわけですね。

北森　そうです。

赤坂　つまり，北森学級の協働には二重の構造がありますね。1つはそのペアやグループ内で試行錯誤して課題解決していることも協働なのだけど，これは「ミクロな協働」で，教室全体を見れば同時に全員で課題に取り組んでいる状態，つまり「マクロな協働」をしている。この2つですね。

北森　そうです。よく，私の授業を見た先生から「緩やかにつながりながら学習している」というふうに言われます。

赤坂　では，あえて尋ねますが，北森先生は集団による合意形成や意志決定の活動であるクラス会議とかをやっているではありませんか[3]。

北森　やってます。

赤坂　教室のあちこちで，協働をしている北森先生にとっては，合意形成とか集団としての意志決定などをして，クラスをまとめるとかクラスで共通認識をもつなんてことは必要ないのではないですか。

北森　そうでもないのです。

赤坂　では，何のためにやっているのですか。

---

3　子どもたちの民主的な話し合いにより，仲間の個人的問題や集団の生活上の諸問題を解決する活動。理論的ベースにアドラー心理学がある。
（ジェーン・ネルセン，リン・ロット，H・ステファン・グレン著／会沢信彦訳／諸富祥彦解説『クラス会議で子どもが変わる　アドラー心理学でポジティブ学級づくり』コスモス・ライブラリー，2000）

# 集団を支える合意形成，安全・安心，ポジティブなリーダー

北森　クラス会議をすることで，クラスの諸問題を解決したいって側面もありますが，彼らのアイデンティティを育てているようにも感じます。風土を育てているような，雰囲気をつくっているような。そういうものの１つなんですよね。

前に担任した６年生は，「クラス会議で俺たちが決めてるんだ」と他のクラスに自慢していたんですね。

赤坂　なるほど。

北森　５年生で学級崩壊したクラスを，６年生で担任したのですが。そのクラスの子たちに喧嘩が起きたときに，「また同じことが起きるかもしれないから，みんなでどうしたらいいか考えよう」と話をして，クラス会議を始めました。「俺たちで決めていいの？」と驚いていました。

喧嘩して，叱られて，親を呼ばれて，「反省しろ！」ではなくて，「俺たちがどうしていきたいか決めていいんだ……」となって，雰囲気がガラッと変わりました。自分たちで困ったことに対してアクションが起こせることは，子どもたちのアイデンティティを生むのですよ。「俺たちがやってる」と。クラス会議を通じて集団をつくっている感じがします。雰囲気というか。

赤坂　それは，クラスのカルチャーと言っていいかもしれませんね。ジョン・ゴードンの言う「カルチャー」です[4]。「僕たちが決めていい

---

4　偉大なチームには，明確なカルチャー，すばらしいリーダーシップ，情熱があり，献身的にかかわる人たちがいる。本書では，カルチャーとは，チームが「何を信じるか」「何を大切にするか」「何かするか」を示す，生きた「本質」としている。
（ジョン・ゴードン著／稲垣みどり訳『最強のポジティブチーム』日経BP，2018）

んだ。僕たちが決めるんだ」というカルチャー。

**北森** 「俺たちが決めているんだぜ」という文化は子どもたちの自慢でもあるようでした。

**赤坂** 学級経営の話になってしまうのですが，この「個別最適な学び」とか「協働的な学び」を容認して，存続させていくための下支えになっているカルチャーが，クラス会議でつくられているんじゃないか，ということですね。

**北森** そうだと思います。

**赤坂** 他にも先生の個別指導とかね，朝の会でしゃべっているとか，授業中の意味づけとかもかかわってくると思いますが，そういったクラスのカルチャー，大事にしたい価値，行動規範みたいなものがクラス会議の中で決められていっているということもあるわけですね。

**北森** そうです。「何かあってもクラス会議があるから大丈夫」というような安心感もあるようです。トラブっても何とかなるというような。

**赤坂** 「話し合って解決する場があるんだ」という安心感ですね。なるほど。

**北森** やっぱり，安心感がないと，何も育たなくないですか。

**赤坂** 北森先生のクラスは「マクロの協働」「ミクロの協働」が成り立つ学習の中で，個別最適な学習が展開されています。しかし，それは無条件でもたらされるものではなく，安心感のようなものがあり，それがクラス会議によって育てられているというわけですね。

　じゃあ，今，学級経営の話になってきたので。3番目の質問にいきましょう。両者を実現する，つまり，「個別最適な学び」と「協働的な学び」を実現する学級経営のイメージを教えてください。どういうクラスだったら，先生が今言った学び方が成り立つんですかね。

**北森** 安心・安全であることは，間違いなく必要ですね。それから，うまくリーダーシップをとってくれる子たちがいるということも，すごく必要だなと思います。

| | |
|---|---|
| 赤坂 | 先生の言うリーダーシップとは，どんなものですか。 |
| 北森 | なんでも面白がって，「やるやる！みんなやろうよ！」という，超ポジティブ枠の子です。 |
| 赤坂 | つまり，率先垂範と巻き込みができる子かもしれませんね。集団の利益になるような行動を先んじてやり，そこに周囲の子を巻き込み，集団にポジティブな空気を生み出していく子。これを北森学級では「リーダー性のある子」と呼ぶわけですね。 |

1つは安心感があるところ。そして，「言い出しっぺ」のような子がいるということ。よく私の師匠の橋本定男氏が学級経営における「『言い出しっぺ』の重要性」を指摘していました。「言い出しっぺを育てろ」と。

北森学級でも，ポジティブな言い出しっぺがいることが，2つの学びを実現するクラスの条件として大事なファクターってことですね。今回インタビューしている先生方も，北森先生もそうですが，「協働的な学び」と「個別最適な学び」の実現が「目的」ではなくて「目標」という感じがします。通り道にすぎない。

その先に目指す世界があって，その実現の道筋として，「協働的な学び」があり「個別最適な学び」があるという構造でしょう。だから，その先にある北森先生の目指しているところを教えてほしいです。

| | |
|---|---|
| 北森 | 目指しているところですか。すごく簡単な言葉で言うと，幸せになってもらいたいのですよ，子どもたちに。 |
| 赤坂 | それもちょっと分解していきましょう。幸せなクラスとは，どんなクラスなのですか。 |
| 北森 | 大雑把な言葉に，さらに輪をかけて言うと，各々の人権が，大切にされているということですね。 |
| 赤坂 | そこら辺のことは，先生が特別支援教育の研究をされてきて，そして手話通訳者というもう1つの顔ももっていて，そうした活動の |

中で培われてきた人権感覚みたいなものが，影響していますか。

北森　あります。障害をもつ人たちは，人権を否定され続けてきた歴史があります。今も様々なことで，人権が蔑ろにされている場面を見ます。聾学校で言えば「社会に出たら手話を使って会話できない」という建前のもと，「手話を使わないように」とその子が望む言語の使用を認めない場合があることも人権侵害だと思っています。

　　　だから，子どもたちが，どんな立場で生まれても，どんな境遇で育っても，みんな幸せであってほしいという思いは強いです。

赤坂　なるほど。そうした背景から自己決定できる教室空間をつくりたいという願いとつながってきますね。学び方は自分たちで決めることができるって。

北森　そうですね。「一斉授業で教えないと，失敗しませんか？」とよく言われるんですけど。彼らが選んだことで，私はそれに対して最大限の援助はしますが，彼らが選んだことに口出しはしないようにしています。

　　　例えば，「一人でやる」と決めた子に「あなたは無理」と言うのではなく。じゃ，この補助教材を使うともっとわかりやすいかもしれないし，困ったときは〇〇さんも詳しいから訊いてみるといいよとか，△△さんも同じところで悩んでいたから相談してみてもいいねとか。そういうふうに，あちこち回っています。回って，とにかく彼らが選んだことを尊重し，支えていきたいなと思っています。

赤坂　まずは絶対条件として，安心感の高い，安心できるクラス。そして，言い出しっぺ，つまり，うまくリーダーシップをとってくれる子が，複数いるというような状態。さらに，人権が一人一人に尊重される。それはすなわち，自己決定できる。そして，失敗が許容される。そういうことでしょうか。

北森　はい。だって，学習活動に参加しないと，理解も習得も，ないではありませんか。だから，参加することを保障してあげるというか

安心して参加できるようにこちらが準備していきたいなと思ってます。

赤坂　今の，「参加・習得」ってどうかかわるのですか。

北森　学級経営って，その「参加」を助けるためのものなのかなと思って。その上に理解が乗っかってくるんだと思うので。どんなにいい授業をしても，参加してくれないと意味ないですよね。

赤坂　北森先生の学級経営観の基盤を安心感とするならば，その上に参加があって，その上に理解があって，その上に習得があるということですね。見事にピラミッドができましたね。

## まずは「聞く」の量的確保，そして願いを「語る」

赤坂　最後の質問です。そういう学級をつくるために先生が大事にしていること。そして，実際に取り組んでいることを教えてください。

北森　たくさんありますが，一番心がけていることは，あまり前に出すぎないというか，頼れる担任でいないことですね。先生が率先してリーダーシップをとってしまうと，最初はいいのですが，「先生ありき」のクラスになっちゃうので。

赤坂　そうですね。先生に依存してしまいますね。

北森　なるべく早い時期に，いろいろ手放すようにしています。

赤坂　早い時期とは，いつくらいですか。

北森　１学期の，ゴールデンウィーク連休明けくらいから，自分たちで決めていきますね。

赤坂　最初に何を手放すのですか。

北森　システム的なことです。例えば，「帰りの会は何をしてもいいよ」，「掃除当番は自分たちで決めていこう」，とかですね。帰りの会は，担任として話をする時間は最低限確保しますが，子どもたちの企画

したイベントが毎日入っています。自分たちで，いつの間にかいろいろ準備しています。当番活動などのシステム的なことは，わりと早い時期に手放しています。自分たちのやりやすい方法を，自分たちで決めていって欲しいと。低学年でも，システムを理解したら，じゃあ自分たちで話し合って決めてみて，と。

北森　経営させていくというか。任せられるように，最初に，いろいろ制度づくりをしてから。

赤坂　先ほどの自己決定できる子やリーダーシップをとれる子の育成ということになりますかね。

北森　結局，私はそれしかしていないのですよね。「先生がいないときこそ，できる人たちになってほしい」と，それは日ごろから話してます。

赤坂　そうやって学級経営のシステム的なことにおける決定権を子どもに委ねていくわけですね。

北森　そうですね。だんだんと委ねるレベルを上げていきます。

赤坂　他にありますか。

北森　当たり前のことを言うと，「話をちゃんと聞く」とか。

トラブルが起きたら，両方の話をちゃんと聞くというのは，それは絶対やっています。トラブルのときだけではなく，普段から話をたくさんします。だから，私はクラスの子たちのことは結構知ってるのではないかなと思います。

赤坂　でも，「聞く」ことは時間をちゃんと確保しないと聞けないのではないですか。

北森　そうですかね。私はあまりそう思っていません。よく学校によって教育相談期間とかあるではないですか。学期に1回，一人10分くらいとって。私がやっている「聞く」というのは，「小さいおしゃべりをいっぱいしている」という感じです。質より量という感じで。

赤坂　どういうときに子どもの話を聞くのですか。

| | |
|---|---|
| 北森 | 授業中もですし。とにかく，量ですよ。おしゃべりですよ。 |
| 赤坂 | でも，まんべんなくやることは，結構大変ではないですか。だって，自分から「先生！先生！」とくる子はコミュニケーション量も増えていくけど，自分からこない子もいるじゃないですか。 |
| 北森 | 自分からこない子には休み時間に話しかけに行ってますね。自分からくる子は授業中にもいっぱいしゃべるじゃないですか。すれ違ったときにちょっかい出したりとか，机間巡視しながら頭をなでたりノートに○をつけて歩くとか。大したことはしてないけど，小さく，一瞬でもかかわるようにしています。 |
| 赤坂 | わかりました。では，別の角度から聞きます。ここまで割とあたたかな指導を中心にお聞きしました。しかし，子どもたちは時に他者を傷つけるようなことをします。多分あたたかな指導というのは，厳しい指導とのセットだと思います。人権侵害についてはどう対応していますか。 |
| 北森 | いじめとかですか。 |
| 赤坂 | それも含めてです。 |
| 北森 | グループである女の子をはぶくということがありました。高学年の女子には，よくありますよね。そのときは，一緒に遊ぶ約束をしていたのに，突然キャンセルされたことが発端でした。お互いの話を聞くと，どちらにも言い分があることがわかりました。「でも，とった方法はよくないよね」と指導します。「他に方法はなかった？」と。そして，場合によってはみんなで考える。 |
| 赤坂 | みんなでですか。 |
| 北森 | みんなで考えるときもあります。「いつもこんなことになる。どうしたらいいかわからない。自分たちじゃダメだ」となったときに，「じゃあ，みんなで考えよう」ということもありました。 |
| 赤坂 | 考えさせるわけですね。 |
| 北森 | 大人の理論で解決策を与えてもやらないじゃないですか。先の例 |

だと「仲良くしなさい」と言ったところで，「仲良くしようと，私たちは思ってたんだよ！でもね！」と言われて終わりなので。仲間外れにした側は「仲良くしようと思っていたのに，約束をキャンセルされたから」という言い分があって。「だったら無視するとかいいの？他の方法はなかったかな？」と。

北森　悪口を言ったり，仲間外れにしたり，人権侵害をする子は，何がダメかをわかっていない子が多い気がします。「何が悪いの？あっちが悪いじゃん」「なんで私たちが怒られるの」と，何が悪いのかわからないまま叱られ続けてきて，イライラしている子が多かった印象です。学級崩壊した後のクラスもそうでした。「なんで俺たちだけ」とよく言うんです。

赤坂　「なんで俺たちだけ」と言ってる子どもたちは納得するんですか。

北森　整理してあげると，冷静になるんですよね。第三者的になるというか。遊ぶ約束をドタキャンされて仲間外れにした子たちも「止めればよかったな」とか，第三者的になって。私はそれを幽体離脱って言ってるんですが。話していることを整理してあげているうちに，自分たちの現状が見えてくるんですね。

赤坂　他者目線で自分たちの行為を眺めさせる，メタ認知をさせるということでしょうか。

北森　はい。低学年のときは，「昔むかし，あるところに……」など，板書しながら話して聞かせて，自分たちの状況を説明したこともあります。

赤坂　恐らくですけど，先生の，その子どもの話を徹底的に聞く，量的に確保した上での指導ですね。でなければ，先生の言葉が入らない。そう思いました。だから，人権指導の一番のベースは，やっぱり，子どもとのコミュニケーション。だから信頼関係ですね。

　だって，原理原則を大上段に振り回しても，子どもたちに入っていかないでしょう。さっきみたいに「なんで俺たちばっかり叱られ

るんだ」とか。「私たち，仲良くしているだけだよ」と，いじめをしている子たちって普通に言うでしょう。冷静に「自分たちがしたことを考えてごらん」と語っても，その言葉自体も入らないではないですか。状況を切り取って描写するんですよね。「こうでこうでこうで」と。

　でも，やっぱりそこで先生を信頼していないと感情的なもつれができて，フィルターがかかって，正当にそれを判断しようとしませんよね。「何言ってんの，この人」と感情がまず先にきちゃうと，たぶん今の指導は成立しないですよね。

　先生の言葉に対して子どもたちが正対しないと，今の指導は成り立たないのではないですか。だから，子どもたちに権限委譲する中で信頼が伝わっていきますよね。「私はあなたたちを信頼している教師ですよ」と。そして，子どもたちとふんだんにコミュニケーションをとる。そういう中で，「この人は自分たちの話を聞いてくれる人だ」「この人の言うことを聞いていても損はない」というような状況にしておいて，人権指導が成り立ってくるということでしょうか。

　学級経営に関して，言い忘れたことはありませんか。

**北森**　他の先生たちもそうだと思うんですけど，必ず目指すところは授業も含めて，常に口にしています。「こうなってほしい」という願いというか。

**赤坂**　ちなみに先生の願いは何ですか。

**北森**　大きく言うと「自分たちで社会をつくってください。幸せな社会をつくってください」ということです。

**赤坂**　では，小さな願いは？

**北森**　毎日，楽しく，幸せに暮らしていきたいね。誰も傷つかないで，「あっという間に今日も終わったな」「楽しかったね」と言える1日を積み重ねていきたいという話はしています。

**赤坂**　願いを語るということでしょうか。

| 北森 | そうですね。言わないと見えないではないですか，行先が。 |

## 【対話を終えて】

　北森先生の授業デザインは，ご自身も言っていましたが，UDLのようなイメージです。学習課題に向かって子どもたちが，自分で解決方法を選択します。ある子は，先生から教えてもらい，ある子は仲間とグループ学習し，また，個別の学習（自習）を選ぶ子もいます。そこでICT機器が得意な子はオンラインで情報を集めるだろうし，百科事典，紙媒体の資料が必要な子は図書館に行くこともあるでしょう。

　北森先生の授業においてICT機器は，1つの資料や文房具的な役割で，使いたい子が使うということが多いようです。もちろん，スキルの共有のために全員一斉にChromebookを立ち上げることもあるようです。しかし，あくまでも基盤は，個の選択が尊重されるようです。丁度それは，それぞれが自分の登り易いルートを選んで挑戦する登山のようです。

　子どもたちは学習方法の選択が保証された状態で，学習における，参加，理解，習得のステップをクリアして学習課題を解決していきます。こうした授業デザインにおいて，孤独な学びや孤立した学びにならないのは，そうした互いの学び方を認め合う相互承認という関係が成り立っているとともに，システム的には学習課程に組み込まれている，シェアタイムと呼ばれる学びの共有の時間があることにかかわっているようです。

　つまり，UDL型の学習デザインにおいて個々の学び方が行われている状態でも，シェアタイムで互いの学びの内容知（何を学んだか）や方法知（どのように学んだか）を共有することによって，協働学習をしていると言えます。個別の学習の先には，それぞれの学びを統合するという協働が確保されているということです。みんなが登頂できたところで，山頂で「どうだった？」「こうやって登ったよ」「途中，難所があって大変だった」などと自分の挑戦の経緯を互いに分かち合うような感じなのでしょう。

しかし，シェアタイムは北森学級においては，ほんの見かけの協働に過ぎないように思います。北森学級における真の協働は，異なることをしながらも，異なる営みを横目で見ながら，「気配を感じ」ながら，「共にいる」という感覚を味わいながら同じ目標に向かっていることだと思います。北森学級の子どもたちは，別ルートで登山しながらも，みんな頑張っているんだろうなあという感覚が共有されているようです。「存在の共有」とでも言えばいいのでしょうか。

　市民感覚とはこうしたことを言うのではないでしょうか。実社会ではこの感覚がとても大事だと思われます。人々は実社会で生きるとき，一律で同じようには過ごしていないと思います。バラバラなことをして生活しているのではないでしょうか。ある者は物をつくり，ある者は物を運び，ある者は物を売る。また，ある者は昼間働き，ある者は夜働く。そうやって世の中をつくっている。そのときに大事なことは，互いの存在を認め合っていくことではないでしょうか。

　北森学級では，小さな教室の限定された授業という場で，社会人としての資質・能力の育成トレーニングをしているように感じます。子どもたちは，一人で学びながらも，そばに友だちとわいわい話しているクラスメートを感じていることでしょう。また，わからないところを先生に教えてもらっている子も，一人で黙々と課題に取り組む子，仲間と楽しそうに学んでいる子を感じているはずです。

　ここで基本的な信頼関係がないと，互いの学び方を否定するようなことが起こります。一人で学ぶ子は，静かにしてほしいのにどうしてあの人たちはしゃべるのか。自分で学んでいる子は，先生に教えてもらう子に，どうしてこんなこともわからないのか，甘えているのではないか，などその子のやり方だけでなく，やがてはあり方までも否定するようになります。

　しかし，それが起こらないだけの仕組みが，北森学級にはあると思います。その仕組みの1つが，集団による合意形成や意思決定なのではないでしょうか。それぞれが自由にやりたいことをやっているように読み取れる北森学級

ですが，全員による話し合い活動（クラス会）を実施して，クラスにとって全員で大事にしたい共有文化を形成することもしています。そこで，みんなで決めたことはみんなで守る，自分たちの問題は自分たちで解決するなどのカルチャーが形成されているようです。北森先生は，それを学級の個性（アイデンティティ）と呼びます。

　これからの学級経営には，こうした価値観の共有は欠かせないように思います。個の自由を尊重するためには，互いのあり方を認め合うという価値観や態度や行動（スキル）の共有が必須なのではないでしょうか。この「言うは易し，行うは非常に難し」を実現しているのは，圧倒的子どもとのコミュニケーション量だと北森先生は言っているように思います。今の学校教育は，多忙化等の理由でこの極めて基本的な最重要事項が，後回しにされてしまう状況にあります。北森先生は，かなり意識的に優先順位を上げてそこに取り組んでいるのではないでしょうか。

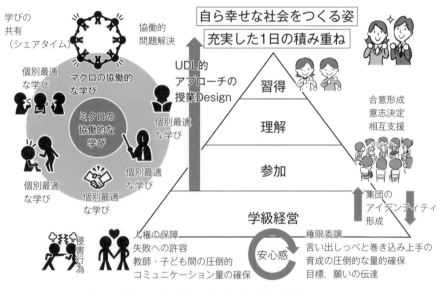

図5　北森氏の個別最適な学び×協働的な学びのイメージ

# カリキュラム全体を通して自律から自立を促す過程で機能する2つの学び

対話者 ： <ruby>松下<rt>まつした</rt></ruby> <ruby>崇<rt>たかし</rt></ruby>

神奈川県小学校勤務（19年目）。若手のころから仲間とサークルや学習会を主催し、学級づくりを中心に学び続けてきた。これまで、校内では、理科教育、特別活動、特別支援教育、児童指導（児童支援専任を2年）を中心に担当。現在（2021年度）、教務主任と学級担任を兼務。日本学級経営学会理事。教育サークル「はまの風」所属。共著に『学級を最高のチームにする！365日の集団づくり 6年』、著書に『THE 教師力ハンドブック 自治的集団づくり入門』（いずれも明治図書）がある。

## 個別最適な学びは問題解決の手順を教えることから

赤坂　松下先生は，教職の早いころから学級経営の重要性に着目され，民間の研修団体で学ばれたり，自らセミナーを立ち上げたりして力をつけてこられました。高い指導力が評価され専任の児童指導を担当され，指導の難しいクラスや子どもたちへの対応を数多く経験されてきました。またご勤務されている地域は，小学校高学年における教科担任制が進んでいる地域でもあります。そんな先生からご覧になった個別最適な学びと協働的な学びが成り立つ学級経営とはどのようなものでしょうか。まず，個別最適な学びとはどのような学習のことをイメージしていますか。具体的な実践を交えながら教えてください。

松下　まず，個別最適な学びの「学び」をどのように捉えるか，その範囲，射程が大事なのだと思います。国語科を学ぶときに，国語の知

## 学習中のルール

①まずは，自分で学習課題に取り組む。
②学習課題の解決が自分では難しいと判断したら，隣の席の友達と一緒に取り組む。
③学習課題の解決が隣の席の友達とでは難しいと判断したら，生活班の友達と一緒に取り組む。
④学習課題の解決が生活班の友達とでは難しいと判断したら，自由に立ち歩きながら学習課題を解決できそうな友達を探し，一緒に取り組む。
⑤学習課題の解決を友達と一緒に取り組む際，「解答」とともに，どうしてそうなるのか「その理由」も一緒に確認し，説明できるようにする。

図1　授業におけるルール

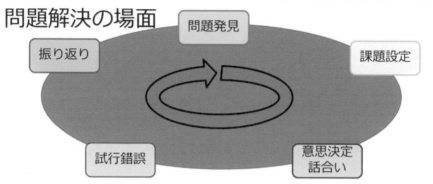

松下崇：『自治的集団づくり入門』明治図書　2017年　P.26

図２　問題解決サイクル

識・技能を身につけたり，思考力・判断力・表現力等を身につけたり，主体的な態度を身につけるということはもちろんそうなのですが，自分の場合は，学び方を身につけながら生き方を身につけるというところまで考えているのだなということが，今回，課題をいただいたときにクリアになった部分だと思いました。**それが協働的問題解決という言葉でくくられていく部分なのですけど，大事にして**いるとこなんだなと思いました。

　例えば，授業中の問題解決の場面で言えば，まず隣の席の友だちと一緒に取り組み，難しかったら４人くらいの生活班と言われている周りの友だちと取り組む。それでも難しいようだったら，席から離れ自分で歩いて探すという活動があります。これは協働的な学びでくくられやすいのですけど，一人一人学習における理解力が違うときに，それぞれに学びやすい環境を整えることを目的に，このルールをつくっています（図１）。それに加え，学び方のサイクルとして問題解決のサイクル（図２）を統一していくということを考えな

がら行っています。

松下　もう少し具体的に言うと，自ら取り組んでいる子どももいれば，友だちと話している子どももいるし，教えてもらっている子どももいます。この中には実は上学年でも2年生のかけ算九九がまだ不十分な子どももいます。それぞれが，自分自身の学びのスタンスで取り組んでいくことを大事にしています。それ以外にも，特に今言われているGIGAスクールの視点で言えば，学習内容を十分理解している子どもに対しては，より理解が深まるようになる支援を用意しています。

赤坂　質問です。この場面の課題はどんなものですか。また，どんな指示をしたらこういう状況が起こったのでしょうか。

松下　算数の授業を例にすると，まず，学習問題を提示する前に今日の問題を解決するためにそれまで学習した内容を理解しているかどうか，最初の5分間程度で丁寧に確認します。面積を求める場合であれば，公式の確認であったり，知っておかなければいけない知識だったりというものをきちんと確認しながら，解決のために最低限もっていなければいけない既習事項を確認します。

　次に学習問題を提示し，課題を整理します。学習問題を読みながら，前時との違いを確認し，この本時で何を解決すればいいのか明確にします。課題を整理する中で，6〜8割くらいの子どもが解決の見通しがもて，なんとかやっていけそうだという感じになったら，それぞれが学習を始めます。これは協働的な学びの話の方にもなるのですが，解決の見通しがもてなくて何に取り組んだらいいのかわからない子どもたちが学級に多くいる中では，どんなに後から支援したとしても課題解決に向かっていきません。ある程度の人数の子どもたちが何とかやっていけそうだと見通しがもてた段階でスタートします。

　学習問題の解決に取り組めそうという状態になったときに一斉に

取り組み始めると、とりあえず自分で解きたい子ども、自分で解決したい子どもはそのまま取り組みます。全く手をつけられないような子どもたちは、まず自分で考えながら友だちに話を聞き解決していきます。その際、また「協働的な学び」の部分と重なるのですけど、誰と一緒にどのように学習しているかというのを注視しています。人間関係に流されて、安易な解決にならないように子どもたちの学習の様子をよく見ながら支援していくということです。これも「協働的な学び」になりますが、対人関係のところで課題を抱えているような子どもたちにとってみると、このような学習方法が逆に苦痛にもなるので、時間設定や学習内容には注意を払って行っています。これがまず学習部分における個別最適な学びの説明になります。

　主に授業の時間に行われるいわゆる教科の学びも大事にしているのですけど、それと同じくらい、休み時間や給食、掃除といった生活づくりにおける学びも大切にしています。そして、もう1つ、学校行事における学びというものも大事にしていて、そこについても個別最適な学びという視点が大切であると考えています。

**赤坂**　生活づくりや学校行事における個別最適な学びですね。そこの具体例を教えてください。

**松下**　生活づくりの場面ではまず、赤坂版クラス会議を大事にしています[1]。子どもたちが日々の学校生活において、困ったこと・関心ごとをクラス全員で解決していきます。指導の個別化というところでは、一人一人がその課題を友だちのために解決していく中で、その課題を自分事として捉えられるようにしています。

　その時間がスムーズに進むために、クラス会議の流れや、大きなタイマーを提示したり、決まったことを貼っています。司会は出席

---

1　赤坂真二『赤坂版「クラス会議」完全マニュアル』ほんの森出版，2014
　ジェーン・ネルセンら（2000）の研究と実践を基にして、アドラー心理学に基づくクラス会議を日本の学校教育における学級活動の枠組みで実施できるようにプログラム化したもの。

番号順に輪番で担当していますが，困ったときは友だちから助言してもらえるようになっています。一人一人が自分なりに参加したときに役割を果たし，しっかりと考えられるような支援を行うことが大切です。これは先ほどの，学習中のルールと考え方の部分で共通しています。

松下　「学習の個性化」という部分では係活動も充実させるようにしていて，一人一人が自分のよさや特性を発揮できる場として機能するように支援しています。休み時間以外にも活動の時間を設定したり，自分たちだけでは乗り越えられないような壁にぶつかっていないか見取ったりしながら，助言するようにしています。

赤坂　教科指導と特別活動，生活づくりは，学習の構造は同じということですね。

松下　そうですね。全てのものを問題解決のサイクルで一緒に捉えるというのが自分の主張です。

　同じようにして，学校行事もそのように捉えています。学校行事は，教師にとって毎年あるものですが，子どもたちにとってはその年の一大イベントであり，とても楽しみにしています。学校行事に向かうことで，日常生活の学びや学習の学びが充実し，そして「もっと頑張っていこう」という意欲をもつのだなと感じています。

　特にコロナ禍でいろいろな学校行事がなくなったときに，それを強く感じました。文部科学省が示す「一人一人の児童（生徒）が，自分のよさや可能性を認識するとともに，あらゆる他者を価値のある存在として尊重し，多様な人々と協働しながら様々な社会的変化を乗り越え，豊かな人生を切り拓き，持続可能な社会の創り手となることができるようにする」という目指す姿は，特別活動の学校行事の目標と多くの部分で一致していると思っています。学校行事で子どもたちの自己実現をきちんと保証していく，学びをきちんと保証していくということが，そのまま文部科学省がねらっているとこ

ろになるのだろうなと自分としては捉えたわけです。

　得てして学校行事というものは，当日の素晴らしい姿ばかりが注目されるのですが，大半はそこに向けて取り組む時間です。特別なことはしていませんが，学校行事に向かって一人一人がどう取り組んでいるかをきちんと捉え，それを確実に子どもにフィードバックしていくことや友だちのよさを感じながら自分のよさを見つめていくというところを大事にして，取り組むようにしています。それは先程言った授業中に見取る部分と一緒になります。

**赤坂**　どんなフィードバックをされているのですか。

**松下**　まず目標を確認します。学級のみんなで共通して取り組む場合，学級目標を確認します。次に学級目標から当日の自分の姿を想像させます。そこから具体的に自分は何に取り組むかということを丁寧に計画させます。ワークシート（図3）を用意し書かせることで，行事に向かって何をどのようにすればいいのか，具体的に考えられるようにします。運動会で言えば，運動会の演技の発表に向けてい

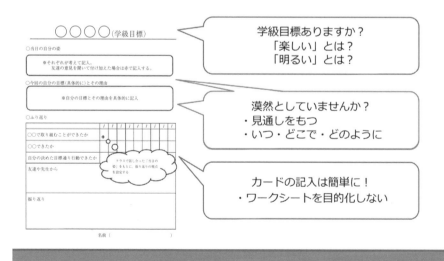

図3　ワークーシートの例

つ・どこで・どのように練習していくかといった内容になります。

「計画したら終わり」ではなく，それに向かってできているかどうか，自己チェックも簡単にできるようにします。毎日，ワークシートに◎，○，△を記入し，一週間に一回程度簡単な文章を書くくらいにし，教師も子どもも負担にならない程度にすることがポイントです。

**松下** 教師はそのワークシートを手がかりに，子どもたちが今，何を考えて取り組んでいるのか把握して，子どもたちの様子を観察します。同じ「できていない」状態であっても，「やらない」のか「できない」のかでは，かける言葉が違ってきます。状況を見極め，励ましたり認めたりします。

それとともに，場をきちんと設定することが大事になっていきます。教師は「協力させたいな」，「自分から行動させたいな」と願いをもって行事等を計画・運営するにもかかわらず，協力する場やかかわる場がまったくないような活動になっていることが多いからです。教師が全部用具を準備して「はい，どうぞ」と進めていて，あるとき，「そろそろ自分たちで気づいてやりなさい」と突き放すような指導ではなく，あらかじめ子どもたちが自発的に取り組める部分を残しておき，気づいた子どもたちが行動する中で「じゃあここの部分は自分（子ども）たちで準備していきましょう」と伝えるのです。

そう伝えて，子どもたちがそこに殺到し混乱するようであれば，教師が調整役となって当番を決めていきます。準備や片付けにおいても子どもたちの様子を細かく見取り，さらに練習中や日常生活にどう影響しているか捉えながら，声かけをしていきます。学校行事を中心にして展開されていくように学びの場をつくっていくイメージになります。

**赤坂** ともすると学校行事は，見世物やこなす業務になってしまうとこ

ろもありますが，松下先生の場合は，行事は子どもを育てる重要な，それもかなり重きをおいた教育の場で，そこにも個別最適な学びが存在しているということなのですね。

一方で行事は集団教育の場という性格もあります。恐らく今，松下先生は何回も言っていましたが，個別最適な学びと協働的な学びは分けられないと考えているわけですね。

松下　はい，そうなのです。

## 協働的問題解決を支える対等性，言語能力，相手意識

赤坂　それでは，2つ目の質問にいきます。協働的な学びとはどのような学びのことをイメージしていますか。具体的な実践を交えながら教えてください。

松下　先ほどからずっと言っているように思いますが，「個別最適な学び」が「協働的な学び」抜きで語れないように，「協働的な学び」も「個別最適な学び」抜きでは語れないのかなと思っています。なぜかというと，個別最適化されていないと協働が目的になってしまいがちだからです。「コミュニケーション能力が大事だからとにかくかかわりなさい」となったとき，一番危惧しているのは子どもたちに序列ができることです。学習面で言えば，よくできる子どもが立場的に上になり，学習が苦手な子どもが下になる，カースト（教室内の人間関係の序列化）を強化していくのだろうなと思っています。

ただし学習における解決を，生き方として捉え直したとき，「困っている人を手助けできる」「困っているときに助けを借りる」というのはどちらも身につけたい力となります。つまり，生き方としてみたときには，人としての価値は平等で向き合う課題が違っていると考えることができます。そしてその考え方を子どもたちときちんと

共有することが大事になってくるのではないかなと考えています。

松下　　さっき言っていた学習のルールで言えば，「全員がきちんと今日，学習したことを説明できるようになりましょう」と目標設定することで，それぞれの立場での協働的な学びが成立していくのだなと思います。先ほどもお伝えしましたが，あの学習中のルール（図1）が成立するために一番大事なのは，どういう人間関係で学んでいるかを見取れることです。経験年数の浅い先生を見ているとその見取りの部分が弱いことが多く，安易な人間関係に影響され相談を始めていたり，特定の友だちとしか勉強できないようになってしまったりすることを強化してしまう場面を見ることが多いです。子どもたちの様子をきちんと見取り，学習問題を提示するだけでなく，解決するための時間や方法を適切に設定して，目指す姿を伝えていくということが重要になってくるのだと思います。

赤坂　　安易な人間関係とはどのような関係性ですか。

松下　　安易な人間関係とは，学習の問題解決に向かわず，いつも一緒にいる友だちや一緒にいて安心する友だちを選んで学習中を過ごすということです。よく見ていると，学習には関係のない話をしていることもあります。課題の解決に向かって最短距離を自分が選択していく，文部科学省が示している「自己調整能力」と言っていいと思いますが，解決に向けて人を選べる能力も育成していくということが協働的な学びで育てていく大事な部分となるのではないでしょうか。

赤坂　　その安易な人間関係にかかわって，安易な人間関係に影響を受けない（影響を最小限にする）ための支援の仕方についてはどのように指導しているのですか。

松下　　学習のルール設定の中で席替え自体を教師が決めているので，「隣の人と解決しましょう」，「4人だけで解決しましょう，その後は立ち歩かないようにしましょう」と，協働する相手を限定しています。

それと同時に，「安易な人間関係ではなく，課題解決に向けて自分で調整して学習していくことが大事」という価値を繰り返し伝えます。協働して問題を解決する経験を正しく積むことで子どもたちはその価値を理解します。価値がきちんと理解された段階で，次に自由な行動がとれるようにし，臨機応変に対応できる力を養っていきます。

　また，「この言葉を使って説明できるようにしましょう」とゴールを提示し，そこに向かって子どもたちが自然に学習内容を習得できるようにしていく指導を心がけています。

赤坂　　水を欲する人に，ペットボトルを与えるのか井戸の掘り方を教えるのかというような支援の仕方に関する話をするということですか。

松下　　そうです。例えば算数だったら，算数の井戸の掘り方の話，教え方の部分で，「こういうふうに説明できるってことが大事だよ」と伝えたり，上手な教え方について紹介したりしています。具体的な場面だと，子どもが黒板の前に出てきて説明するような場面でよく見られますが，「○○さんの説明の中で，こことここがよかったですね」と具体的に確認し，「こういう説明の仕方を，2人組，4人組でも行われるといいですね」と学び方として説明するということがよくあります。

赤坂　　そうした状態は，対等な人間関係を育てていないと成り立ちませんよね。

松下　　成り立たないですね。

赤坂　　対等な人間関係ができていないと，「なんで答えを教えてくれないんだよ」と言われて，答えを教えてしまうこともありますからね。

松下　　そうですね，そこが大前提だと思います。先ほど言った「隣同士で話しましょう」，「説明しましょう」というのも，ペアを指定しただけで最初きちんと対等性にかかわるルールやしつけを指導せずに活動を始めてしまうと，それぞれの場所で活動状況に大きく差が出てしまいます。最初の時点で丁寧に指導する必要があります。

今言っていたものを充実させるには，言語能力をきちんと育成していくことが大事で，特に国語科の時間に言葉を正しく捉えたり，言葉を読み取ったりすることについては力を入れています。具体的に言うと丁寧に教材研究をして，しっかり力を入れてやっていくということしかないのですけども，国語は，他の教科よりも中心的な役割を担っていると思っています。言語能力が育っていないと，相手に自分の思いを伝えられないし，相手の思いも理解できないので共感的なかかわりができないのです。

松下　　また，相手意識というところも非常に大事にしています。それは学級経営の方にも派生していくのですが，特に友だちの表情を見なさいという指導は繰り返し伝えています。社会科でも理科でもいいのですが，話し合っているときにどんな表情でその言葉を言っているか，説明しているかというところまで意識させています。そしてそれを聞く側としては態度に表そうという指導を細かく入れているところが，自分としては特徴的なところなのかなと思います。

　緊張した様子で一生懸命たどたどしい言葉で説明している場合と，学習が得意で流暢に説明している場合があるとします。同じ知識・技能を発揮して評価する視点（主に教師の視点）としては平等に扱われるべきですが，生き方として見たときに，やっぱり苦手な子が頑張っているときはその友だちを応援する気持ちはもっていてほしいですし，話を聞く態度は変わるべきだと思っています。「協働的な学び」の部分では，そこが実は非常に大事なのかなと思っております。

赤坂　　なるほど，効果的な問題解決のためには協働が必要で，効果的な協働のためには個別最適化が必要。協働学習と個別学習が効果的に往還するためには，子どもたちの対等な人間関係が必要で，それを成り立たせているのが，言語能力の育成と相手意識，つまり共感性のようなものということですね。

# カリキュラム全体で協働的問題解決能力を育成する

松下 　生活づくりで言えば，先ほどもずっと言っていた，クラス会議を行っています。特に，自発的・自治的な活動を大事にしていまして，充実するようにしています。協働的な学びにおける生活づくりに関連して言うと，クラス会議において自分たちでルールをつくるので，そのときにつくったルールが誰かが嫌な思いをしたり困ったりするようなルールにならないか，適宜見直しをするようにもしています。そうしないと同調圧力を生み，一見まとまったよいクラスに見えるのだけども，個人が幸せになれないクラスになっていきます。協働的な学びを押しつけるのではなくて，協働したくなるような感覚というのをとても大事にしています。

　ある年に，クラスで何か1つの遊びをするということを大事にしていたので，それを例にします。クラス遊びは，本来自由である休み時間に強制力を発揮することにもなるので，それぞれがきちんと折り合いをつけながら，参加していくというところも大事にしました。5年生でしたが，クラスで遊びたいという議題が12月くらいに出ました。「5年生でも全員で遊びたいのだな」と思いながら見守っていたのですが，話し合いの結果，「だるまさんが転んだ」に決まり，行っていました。

　しかし，委員会活動で参加できない子どもがいたり，やはりそれは強制ではないかと言う子どもがいたりしました。そこで提案した子どもたちを中心に，それぞれの子どもたちの思いを確認させ，誰もが納得いく形にしてから行うようにしました。今回はありませんでしたが，「それでも絶対参加したくない」ということであるならば，「3分でも5分でも譲れる範囲はないのか」というところで調整するよう助言していたのかなと思います。

先ほど言った係活動という部分で言えば，映画係（端末を使って映画を撮影，上映する係）が思い当たります。内容としては大人から見れば「くだらない」と思ってしまうようなものですが，係の子どもたちは楽しそうに夢中になってやっていました。完成したものを学級のみんなに見せるというときには，視聴覚室を暗くしてプロジェクターとスピーカーをもち込んで見せていました。子どもたちにとってはそれだけでもう十分満足なのですが，動画を見ながら，係の友だちが取り組んでいた頑張りをみんなで笑いながら認め合っていました。

松下　学級でワクワクしながら1つの物を共有し，そこから子どもたち一人一人のよさや特性を理解するような空間を大事にしていて，そういうことが実現できるように支援しています。また，台本に行き詰まっていたら「ちょっと見ようか」と言ってアドバイスしたり，活動する場所に迷っていたら場所を確保したりしました。活動が停滞したときに何に困っているか聞きながら一緒に問題を解決して，背中を押すような支援をしています。

　また，自発的・自治的活動で言えば，個人の個性が「輝く」ように支援しています。教科ではなかなか目立てない，個性的な部分を見出せないような子どもも，よく見ると「輝く」何かをもっています。その「輝く」何かが係活動という枠組みの中で光るように支援をしています。

　また学校行事こそ「協働的な学び」になるのだと思いますが，お互いのよさを発見して認め合っているかというところを特に大事にしています。学校行事が続くとどうしても子どもたちに完璧なパフォーマンスをさせることに夢中になってしまいますが，定期的に，2週間に一度ぐらいのスパンで，いいところを見つけたり，「頑張っているね」と伝え合ったりする活動を10分〜15分という短い時間で行うようにしています。

自発的，自治的な活動や学校行事においても，個別最適な学び（指導の個別化，学習の個性化）や協働的な学びを一体的に充実するために教師がすることとは？

| 活動 | 個別最適な学び | | 協働的な学び |
|---|---|---|---|
| | 指導の個別化 | 学習の個性化 | |
| 係活動<br>クラス会議<br>集会活動<br>（お楽しみ会）<br>学校行事<br>（運動会・音楽会・入学式や卒業式等） | ・目的の確認<br>・見通しをもてるようにする<br>・取り組む内容を明確にする<br>・価値のある行動を見つけ，共有する<br>・成長を可視化する | ・子ども一人一人のよさや可能性を見取る<br>・子どもが個性を発揮できる場をコーディネートする | ・活動において協働できる場を設定する<br>・目指す姿やつけたい力を明示する<br>・振り返りの場（個人，複数等）を設定する<br>・高め合うチーム構成を考え，設定する |

図4　カリキュラム連動のキーワード

あとは今の気持ちをただ話したり，受け止め合ったりという時間を設定しています。子どもたちが1つの円になって，「今，行事に向かってどんな気持ちでやっているか」というのを伝え合い，自己開示できるようにしています。

赤坂　松下先生にとっては，教科指導，特別活動，学級生活と全てにおいて，協働的な学びと個別最適化された学びが往還している場ということなのですね。

松下　はい，そういうことです。そこに尽きると思います（図4）。

# 自律から自立への流れを，問題解決を通して実現する

赤坂　では，ここまで話したことと被ってもかまわないので，松下先生の理想の学級経営とは一体どのようなものか，イメージを教えてく

ださい。

松下　そもそも「学級経営とは何か」というところなのかなと思っています。学級経営の充実が大切なのですが，学級経営の中でも特に人間関係の充実をきちんとやっていくというのが重要なのかなと思っています。先ほどから「カーストをつくらない」，「対等な人間関係」と言ってきたのですが，やっぱりそこをきちんと見取り，指導していくということなのだと思います。

　その人間関係というのも，要は「仲良しこよし」ということではなく，「お互いのよさを認め合う」というところにつながっていくと思いますが，「あなたはこういうよさがあるね」，「私にはこういうよさがあるよね」と互いの関係が対等になっていくということなのだと思います。そしてさらにもう1つ，「じりつ」しているかという視点も大事にしています。

赤坂　松下先生の言う「りつ」は，「律」ですか，「立」ですか。

松下　「律する」方です。「立つ」方ではなくて律する方になります。それを軸に子どもたちを見取るということです。まず，「自律」とは，河村先生の仰っている，「自分の行動を，自分の意志で構築した規則に従って，正しく規制することで，自分で考え，自分で自分を管理して行動すること」[2]です。つまり，自分で考え友だちと協働しながら生活していくということを大事にしていて，そのために日常における生活もつくっていきますし，学校という場で学習していくところも大事ですし，お祭りのような学校行事で自分の力を発揮していくというところも大事なのだと思います。

　セルフコントロールするというところを大事にしていて，そういったことができるようになっていくことが，次に，自分で立つ方の「自立」につながっていくのだと思います。授業中であれ，休み時間

2　河村茂雄『アクティブラーナーを育てる自律教育カウンセリング』図書文化社，2019

であれ，学校行事であれ，子どもたちがどのような思いをもって生活しているかというのを見取っていきます。そういった場面でどれだけ教師から自立しているか，その自立は心の自立のことですが，自分で立っているかどうかということを見取りながら支援していきます。無理やり立たせるというよりは，励ましながら，安全基地になりながら，というところになってくるのかなと思います。

　授業でも同じような枠組みで考えていて，先ほどまでの「学習中のルール」の話も自律から自立への流れを，問題解決を通して実現していくことをねらって行っていると考えるとよいと思います。「学習中のルール」を使いこなせるようになると，教師が授業中に細かく指示をしなくても，自分でその時間の目標を設定し，解決することができます。「自律」しながら，教師からも「自立」していくのです（図5）。

赤坂　その辺りの具体的なお話はありますか。

松下　5年生の例で言いますと，6年生にプレゼントするためのダンス

# 学級での全体での学習活動に対して取りうる態度

0　　無関係　　＜グループ活動に参加する意欲がない＞
1　　拒否　　　　　　　　　　　　　　　　　＜逸脱行動＞
2　　不従順　　　　　＜乗り気でない・周りに悪影響＞
3　　形式的参加　　　　　　　　　　＜言われたことだけ＞
4　　従順的参加　　　　　　　　＜やるけど工夫しない＞
5　　同一化的動機による参加　　　　　　＜協同できる＞
6　　内発的動機づけによる参加
　　　　　　　　　　　　　　　＜内発的に学習して行動＞

※（2019　河村）を参考に松下が加筆，修正，編集

図5　かかわりにおける自律の段階

の企画の話があります。クラス会議で話し合い，みんなでダンスを
することにしました。教室の一角には，テレビの映像を見ながら練
習している子どもたちがいます。そこには仲のいい子グループで固
まっていますが，自立という部分で見れば「このダンスちょっとや
ってみようよ」と言ってやっているので，まぁ自発的に動いていま
すし，教師から自立はしているのだろうなと思って見ていました。

松下　　ただ，なんとなく友だちに引っ張られながら過ごしている子ども
もいるので，実はそこまで育っているなと感じてはいません。また，
別の一隅には，クラスの実行委員になって，どう6年生にプレゼン
トするかを企画している子どもたちもいました。実行委員が必要だ
ねと募ったのは教師で，やることも自分たちだけでは整理できてい
なかったので，私（教師）がワークシートをつくったり，アドバイ
スをしたりしながら取り組みました。力のある子たちではあります
が，実は自分で律して行動，目的を設定して行動するというところ
では弱いのだと思います。

　その奥で活動している子どもたちもいました。その子どもたちは，
6年生の卒業を祝う会について取り組んでいて，縦割りグループを
どう成立させるかというのを企画，準備していました。それは言わ
れてやっていることではなく，自ら気づき，見通しをもって設定し
ているので，この子どもたちは「自律」しているのだなと思います。

　一見楽しそうに過ごしていても，「自分で目的を設定して行動して
いく」とか，「教師の支援をどれくらい受けているか」というところ
は一人一人異なっていて，そういうところは丁寧に見取って必要な
指導や支援をしていくということが学級経営では大事なのだと思い
ます。

赤坂　　なんだか私にとっては懐かしい光景です。

松下　　またみんなで一緒に築くことも大事にしています。特別支援学級
で交流している子どももいたので，そういった子どもたちの予定調

206

整についても子どもたちに任せながらプロジェクトを進めました。

　学校行事では,「一人一人が輝けているか」を見直すようにしています。それぞれの持ち場をつくるように場や立ち位置を設定できているか確認します。先ほど述べた個性が「輝く」ということです。

| 赤坂 | 「輝く」のところ,もう少し詳しく教えてください。 |
|---|---|

| 松下 | それぞれにできることは限られているのですが,行事で活躍する子どもが席につけなかったり感情的になってトラブルを起こしがちだったりする子どもである場合があります。でも逆に言うとその子どもたちは,元気で明るくて,人の気持ちも明るくさせる力があるので,そういった子どもには積極的に「個性が輝く場」として設定します。それ以外の子どもたちにおいても,適切な場を設定し,全員が成長を実感し,力を発揮できるようにしています。 |
|---|---|

| 赤坂 | それは,普段そういうふうにしている子どもが人前に出て目立つ役をするためには,それを承認する環境を育てなくてはなりませんよね。 |
|---|---|

| 松下 | そうですね。「行事のときだけ目立ってずるい！」とならず,「(トラブルを起こしがちの) ○○さんにもいいところがあるのだ」と子どもたちが感じることが大切だと思います。また,普段目立っていけないことばかりしている子どもだけではなく,傷つけられないように教室の隅で震えているような子どもも自分で一歩踏み出してきたときに,力を発揮して充実した時間を過ごせるところまでもっていきます。学校行事ではそういう一歩踏み出す意欲をもてるのだなと感じます。学校行事にはそういう「特別な力」があるのではないでしょうか。 |
|---|---|

　あるとき,トラブル等があり落ち着いたとは言えない状態の学級を担任したことがありました。その学級に,能力も高く真面目でやるべきことはいつもちゃんとやりますが,人前に出ることはほとんどない子どもがいました。その年が終わるころ,みんなで楽器の演

奏をしました。学年が変わり翌年の秋ごろ，その子どもは図工で，「思い出の一瞬」というテーマで絵を描いたときに，前の学年の演奏会を題材に選んだのです。その子どもがソロパートをやったときの絵でしたが，そのパートはたったの8小節，時間にして10秒くらいだったと思います。しかし，その子どもにとっては次の年まで覚えていて，絵に描きたいと思えるほどの充実感を味わったのではないでしょうか。

松下　　学校行事の充実も，個別最適化や協働的な学びもその先にあるのはやっぱり「生き方」であり，そのためのものなのかなと考えています（図6）。生き方というと大きな捉えになりますが，特別活動で示される資質・能力が私のもつイメージに近いです。他者と折り合いながら豊かな人間関係や生活をつくり，自己実現していく，学校教育は子どもたちのそんな生き方ができるようなきっかけを用意することが大事なのだと思います。その辺が蔑ろにされるとただの表面的なものになるのではないかと考えています。

## （例）学校行事
### 文化的行事

自他のよさを見付け合う喜びを体得するとともに，自己の成長を振り返り，自己のよさを伸ばそうとする意欲をもつことができるようにする。

・自分のよさを見つける喜び
・友達のよさを見つける喜び
・成長の振り返り

自分のよさを伸ばそうとする意欲

図6　文化的行事（学校行事）で目指す「生き方」

## 他者への関心を引き出す

赤坂　最後になりますが，そういう学級を育てるために松下先生が大事にしていること，取り組んでいることについて教えてください。今言った承認し合う関係をどうやって育てているのかということです。対等な人間関係が学級経営の基盤であるということは，よく伝わってくるのですが，対等な人間関係をつくるにはどうしているのかとか承認し合う関係をつくるには何をしているのかとかそういうところをもう少し教えてください。

松下　一番大事にしているのは，先ほども触れたのですが，「表情を見なさい」というのはよく伝えています。様々な場面において，「友だちがどういう気持ちでいるのか」感じられるような，感性を磨きなさいという指導を繰り返し伝えています。感じすぎてびくびくしてしまわないように配慮は必要なのですが，現在の子どもたちで言うとマスクもしていることもあり，意図的にかかわる環境を整える必要があると思います。例えば「朝会で全校の前で学年を代表して発表した」，「委員会活動で全校集会を運営した」際，それが終わった後に教室で感想を聞きます。感想を聞きながら，「このような考え方で友だちを見るのだな」という視点を細かく教えていきます。

赤坂　友だちの表情を見なさいとか，思いを大事にしなさいと言ったとしても，肝心な松下先生の言葉が入らないとこの指導は成り立たないではないですか。

松下　そうですね。

赤坂　だからT-Cのところですよね。子どもとの信頼関係はどうやってつくっていくのですか。特に大事にしていることはありますか。

松下　まず，授業中に子どもたちとかかわることを大事にしています。

赤坂　というと。具体的には何をされているのですか。

| 松下 | 例えば，問題が出て答えるというときにも，きちんとその子ども |
|---|---|

が自分の思いを表現できるように，まずじっくり聞くようにしています。子どもが一生懸命，自分の言葉で話しているとき，それをきちんと受け止めながら発言させていくというのを大事にしています。ただ授業中にみんなの前で発言する子どもというのはどうしても時間的な枠組みの中では限られてしまいますので，それ以外の子どもには適宜活動中に声かけをしています。

　その声かけは小さなことから学習に関することまであります。例えば学習がわからないような子どもにはもちろん机間指導で学習内容について確認するのですが，わかっていて大丈夫そうな子どもには，「音読できちんと声が出ているね」「姿勢よく正しく座っているね」等，学習内容から少し逸れた声かけをします。さらに，「今日給食，何かな」とか学習とは全く関係ない話題であっても，その子どもとつながるきっかけとなるような内容を話題にすることがあります。そうしてその1時間の中でなるべく全員と話したり目が合ったりできるようなかかわりをもつようにしています。

| 赤坂 | 先程の授業の「子どもが一生懸命自分の言葉で」のところでその |
|---|---|

子の思いを大事にするって，具体的にその場面を再現してみていただけますか。

| 松下 | 例えば，6年国語・文学的文章「やまなし」を学習している際， |
|---|---|

「魚を獲るカワセミのくちばしが『コンパスのように黒くとがっている』と書いてあるので，怖いと思いました」と発言したとします。そういったときに，「その怖いっていうのはどういうことですか」ともう1回聞き返します。子どもの中では頭の中でイメージしたものを発言していると思います。切り返される中で，その子どもは「自分の言ったことの中で何かを先生は必要としているのだな」と感じると思うのです。

　それは私自身がその子どもがどう思っているのかすごく興味があ

って，「何を思ってそう言っているのだろう」，「言葉にできないそれは何なのだろう」と聞いてみたいというのがあります。経験年数が浅いころはそれをうまく感じることもできなかったし，言わせることもできませんでした。なんとか書いてきたもので読み取ろうとしましたが，それでは一部の子どもたちだけでした。今は，それを授業中のやり取りの中で「あなたの意見のこの部分にはこういう価値があるね」と伝えるようにしています。それを国語でも算数でも理科でも社会でも自分がもっている授業では，「あなたの考えを聞かせてください」と尋ねながら聞いています。道徳の時間では，一番そういったことをやりやすいと思います。

**赤坂** ただその指導が成り立つためには，その先生とその子のやり取りを他の子どもたちが，注視するというか，一緒に味わっている瞬間が必要ですよね。

**松下** はい，そうです。それができるようにするために，「今の○○さんが言っている意見をどう思いますか」と周りにも展開するようにしています。わかりやすく「すごくいい意見を言った」，「この意見に価値があるのだけど，みんなも価値を感じた？」と聞き返すのです。

そうすると「先生は，どうやら今この子がとても大事なことを言ったと思っているらしい」と子どもは感じます。そしてここがポイントになると思いますが，そういった意見を教師が説明し直さず，何度でも子どもたちの言葉で説明させ，友だちの言葉を聞く必然性をつくります。「先生はこの後これについて説明しないだろう」ということが段々子どもたちに理解されてくるようです。

慣れてきたら，毎回，同じようには行いません。行わないことで，いつでもきちんと聞いていかなければいけない状況になります。

**赤坂** こういうところが大事かなと聞いてました。個の思いを大事にするとかと言いますが，言うのは簡単ですが，その教師と子どもの周りには必ずその他の子どもがいるわけですよね。そのやり取りを見

ているわけですよね。自分の発言が周りからどのように受け止められるかというところも他の子にとってはフィードバックだから、そこらへんが学級経営なのでしょうね。

松下　注意しなくてはならないのは、認識の固定化です。国語や算数で言うと、賢そうな子どもが言っているときによく聞いとけばいいなという状態になります。勉強ができる子どもの意見だけでなく、よく掘り起こすと価値のある気づきというものがあるので、そうした意見を見逃さず、授業においても日常においても行事においても、立場が逆転するように意識しながらプロデュースしていくというのが、対等な人間関係形成には大事なのだと思います。

赤坂　よく教師と子どものやり取りの中で、そこの場面を切り取って学級経営は語られるけど、真の学級経営はそこを周りの子がどう見ているのかという構えをつくるということなのではないかと思います。このコロナ禍で子どもたちの集団活動が厳しく制限される中で、他者への関心を育てること、それを日常の授業の中で「○○さんはどう思ったと思う？」「○○さんは、何が言いたかったんだと思う？」「この発言の価値は何だったと思う？」とか、他者の考えや意味づけを他の子と一緒にやる。たぶんそうやって一斉指導の中でも協働的な学びをやっているのではないでしょうか。

松下　子どもたちが自主的に書いた日記を子どもの了解を得て、クラスで紹介することをよくします。若いころは、そういった指導をうまくできませんでした。日記は自己開示的な部分があるので、それを共有していくだけでも他者理解になると思います。協働的な学びを成立させるための指導の1つに日記の紹介とそれについて先生はどう感じるか伝えるという実践は、とても可能性があるように思います。そこは賢い子どもだけではなくて、いろんな子が主役になれるのですよね。そこがすごく大事かなと強く思います。

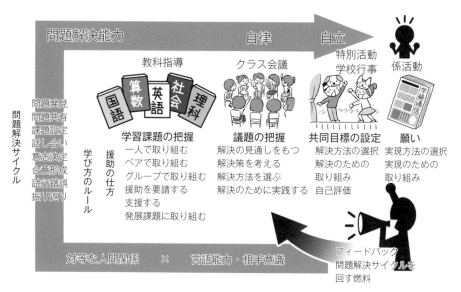

図7　松下氏の個別最適な学び×協働的な学びのイメージ

　学校教育の本筋は教科指導，と考えておられる方々には，松下先生の考え方は独特だと思われるかもしれません。しかし，松下先生は決して教科指導を軽んじているわけでも，蔑ろにしているわけではありません。お話にもあった通り，言語能力育成の場としての国語科の重要性について注目しています。松下先生の専門は特定の教科ではなく，「全科」なのではないでしょうか。全教科，領域を通じて問題解決能力を育てようとしているのです。

　松下先生の究極の願いは「自立した個」の育成にありますが，学校教育段階では，「自律した個」の育成を目指していると考えられます。そのために松下先生は，カリキュラム全体で問題解決サイクルを回すことを意図しています。教科指導で，とか特別活動で，という考え方ではなく，カリキュラム全体です。

　たくさんの教室を見させていただきますが，道徳や特別活動場面は協力原

理で運営されながら，教科指導場面では競争原理で運営される教室を見ることがあります（教師の意図する，せざるにかかわらず）。そうすることにより，学校教育が子どもたちに伝えるメッセージに齟齬が起こることがあります。しかし，松下先生のカリキュラム構想は，一貫性が確保されています。教科指導であろうと特別活動であろうと，その基本構造は，協働的問題解決能力を育てるために構想されて，その大枠は，①問題の発見，②問題の共有，③課題の設定，④話し合い，⑤解決策の選択・決定，⑥解決策の試行，⑦振り返り，となっています。

　そして，その問題解決能力をより効果的に育てるためには協働的な学びが位置づきます。その協働的な学びは，個別最適な学びによって実現されます。ここのイメージがはっきりしていてとてもスッキリしていました。確かに，個別の学習が充実してこそ，協働が意味をなします。協働の学びが成立していても個の能力が伸びていなかったら，学習として意味をなさないからです。また，松下先生も本書の他の対話者と同じように，個別最適な学びを個別の学びとは捉えておらず，個別の学びが最適化されるためには，集団の存在が必要と捉えています。この協働的な学びと個別最適な学びの往還が機能するために松下先生が注目しているのが対等な人間関係だということなのです。

　この土台となっているのが，言語能力と相手意識の高まりから醸成される対等な人間関係の育成です。言語能力の高まりは互いを理解し合うための相手意識が醸成されるためには不可欠だと思われます。言葉を獲得することで，理解される心情がより豊かになるからです。言語能力の高まりは，学習課題や生活課題の理解に直接影響することでしょう。また，相手意識の高まりは，相手の思いを理解する共感性を高めます。共感性の高まりは他者の課題や学級の問題を理解するときの必須の能力です。松下プランの下では，協働に向かった目標共有のもと，その解決のための方法の選択権が子どもたちに保証されているように思います。さらに，協働の過程で常に個別と協働が繰り返される構造にあることがわかります。

## 自由に学ぶ基盤は，
## 対等性・相互尊敬・相互信頼の徹底

対話者 ：　　　　　　　　　　　　いちお　しげひこ
　　　　　　　　　　　　　　　　一尾　　茂疋

　愛知県瀬戸市のオルタナティブスクール，瀬戸ツクルスクール運営責任者（8年目）。多種多様な職業・職種でサラリーマンとして勤め，2009年私塾を設立。2014年にスクールを開校。「地域のための教育は地域市民で」「教育格差を生み出さない」を大切にし，かかわる大人は運営責任者も含めて全て無償で運営するスタイルを構築。約50名の児童生徒が在籍している。瀬戸市教育委員会教育アクションプラン推進会議委員。北米アドラー心理学会認定ポジティブ・ディシプリン・ペアレント＆学級ファシリテーター。

# 学習者本人の意欲を尊重してこそ「最適化」

赤坂　今回一尾先生にお話を伺おうと思ったのは，次のような思いがあったからです。現行の学習指導要領が「社会に開かれた教育課程」というカリキュラムの性格を打ち出し，そしてねらっているところが，「確かな学力」よりも，さらに生きる力に迫った資質・能力になりました。これからの教育を考えるときに，立派な学生を育てようとする「学校村」の発想を脱し，社会人を育てることを本気で考えていかなければ，学校はその存在意義を失ってしまうだろうと考えています。

　本書のテーマで扱う「個別最適な学びと協働的な学び」も，学びのあり方を社会人育成に資するものにするための方針として出されています。このような背景において，学校関係者だけで話を進めてしまうと，どこかで学校教育に都合のいいバイアスがかかり知らず知らずに学校村の発想に取り込まれてしまうように思いました。

　一尾先生は，塾やオルタナティブスクールの運営，経営の中で，学校を超えた地域社会という視点で教育にかかわってこられました。文部科学省の打ち出した協働的な学び，そして個別最適化された学びについて，お考えがあろうかと思います。読者の皆さんは一尾先生の発想や考え方に共感する部分もあるだろうし，一方でギャップを感じることもあるだろうと思います。

　企画者の私としては，そのギャップこそが，今の学校現場と社会のギャップのある側面の表現ではないかと思うのです。思うところを自由に語っていただきたいと思います。

一尾　まずは個別最適化という話ですが，そもそも私の塾は個別対応ですので，そこが専門だった感じはあります。「何を今さら，そもそも個別最適化を考えていなかったの？」って。塾なので，教科に限り

ますけど。どう考えても，個別でやったら伸びるんです。もちろん
いくつか条件はありますが。例えば，必須なのは，できなくなって
しまった子に関しては，戻り学習ですね。

赤坂　戻り学習とは，どのようなものでしょうか。

一尾　できるところまで戻ることです。それをしないと個別教科学習は
不可能ですよね。逆にそれさえやってしまえば，きちんと積み重ね
ていけば，確実にできるようにはなるんですよね。

赤坂　一尾先生の立場から見れば，どうして今まで公立学校の教育で，
戻り学習が普通にできなかったの，という感覚なんですか。

一尾　そうです。本気で成績を上げる気がないの，と思えてしまいます。

赤坂　それが保障されていたら，4年生で2年生の算数がわからないと
いうことは有り得ないでしょうという話ですか。

一尾　有り得ないですね。だから，学力，学力って言っている割に本気
で上げる気あるのかな，というのは強く思います。単純に点数的な
学力で，本質的な学びとは違うかもしれないですけど。でも，一般
的に保護者にとってわかりやすい学力って，点数とか受験じゃない
ですか。学力テストだって結局点数ですし。なのに学校は，点数を
本気で上げる気がないなと，いつも思っていました。

　できていない子ができないことをずっとやるじゃないですか，学
校は。特に中学生とか，顕著なんですけれど。要するに正負の数が
わかっていないのに，方程式をやらされたりするわけですよ。でき
るわけないじゃないですか。そんなこと。

赤坂　これまでの学校は履修主義みたいな考え方があり，とにかくでき
ようができまいが先に行かせるということをやってきたからでしょ
う。今度はそこに習得主義も入れていこうという発想なんですよね。
一尾先生，塾の授業の様子とかって，学校の先生方ってなかなかイ
メージしづらいので，ぱっと場面を捉えてどんなふうな指導をして
いるのか，少し教えてもらってもいいですか。

| | |
|---|---|
| 一尾 | まず,「どこからやりたい？」って聞きますね。中学生だったら数英，小学生だと，国算ですけど。国語では，漢字はどこからやりたいとかという，まぁとにかく本人がどこからやりたいのかというのをまず確認します。中学生，中1と中2とかでまた違ってくるんですけど。中学生だと，小6が終わってるわけですよね。「どうする，小学生の復習する？」とか。「先やりたい？」とか。算数と数学はまたちょっと違うじゃないですか。ちょっとっていうか全然違うじゃないですか。名前が違うわけですから。 |

だから，もう1回，新規で数学というところから始めることもできないこともないのですよね。本人も成長していますし。ただ当然，数学から始めたとしても，途中で解けないところが出てくるのです。でもそこは思春期ならではのプライドのことも考える必要があると思うのです。そこも考えずに「君はできないからここまで戻りなさい」って言ってしまうと，本人なりに頑張って小学校に通って卒業したということを踏まえないことになってしまう。

目の前の結果だけ見て，「じゃあ君ここからだね」という判断をしてしまうと，本人にとって個別最適化とか言えないと思うのですよね。単純にできるできないという話ではなくて，本人のモチベーションを大事にしたいのです。

| | |
|---|---|
| 赤坂 | では，一尾先生の言う，「最適」とはどのように捉えていますか。 |
| 一尾 | 本人が，取り組もうと思えてないと，どこをやっても最適ではないと思いますね。あとは，もちろんこっちはプロから見て，「いやそこを君はやりたいと思うだろうけど，その前の単元ができてないとやっぱできないよね」みたいな話もします。プロから見たアセスメントにもとづくアドバイスです。 |
| 赤坂 | 例えば子どもがここからやりたいと始めても，取り組んでいるうちに，自分のつまずきに気づくわけですね。 |
| 一尾 | ですね。そのときにアドバイスすることもありますし，最初に対 |

話をある程度することもあります。

赤坂　具体的に対話を再現していただけますか。

一尾　「ねえ，ここからやると，この辺ができてないと，ちょっとできないと思うんだけど，こっちからやってみてもいいんじゃないかと思うよ。でも，君が，数学がやりたいっていうんなら，算数と数学は違うし，できないこともないから，またつまずいたそのときに，やってもできなくはないよ」みたいな，そんな対話をするんですよ。スタートがとても大事です。

赤坂　なるほど。それは，ちょっと公立の学校にはない発想に聞こえますね。指導の個別化ではないでしょうか。

一尾　そうです。スタートがすごく大事ですね。逆にそこさえ押さえれば，そんな大変ではない気もしています。やっぱり，「自分の意見を聞いてもらえた」，「対等感をもって話してくれた」，「どっちでもいいっていう選択権ももらえた」という実感を大事にしたい。

　　　例えば，割合とかあいまいなまま続けていくと，絶対に方程式でつまずくわけですよ。ただ，別につまずくことは悪いことでもない。なので，「今は君がやりたいと思うことを優先した方がいいと思うけど，この先つまずくこともあり得るよ」と伝えます。

　　　こちらはプロですから，だいたいつまずくところがわかるので。つまずいたらそのときやってくれてもいいし，みたいな話をします。それでも本人が，いや復習ではなくて，中学校からやりたいんだと言ったのなら，ではそこから頑張ろうか，といった話をします。

赤坂　文部科学省の言う「指導の個別化」と「学習の個性化」で考えますけど，一尾先生の今の話だと，対話によって指導の個別化を図っているのだけど，同時にそこで，子どもたちの学習の個性化がそこで促されていますね。「一人ひとりに応じた学習活動，学習課題の提供」と言ってるイメージと，今の，「これ（あなたの目標）をやるためにこれ（学習内容）が必要だよ」というイメージは重なりますね。

子どもからすると，「ああ，なるほど」となっていくわけですね。

赤坂　やっぱり学習の個性化になっていきますね。要するに通常の授業の中に，この塾的な営みを入れ込んでいくという形なのではないでしょうか。そんな風に見えてきます。

　あまり塾の指導では話題になるようには思いませんが，こうした指導の前提条件はありますか。

# 「AI，すごい」と「私，すごい」の分かれ目は選択

一尾　対等感，相互尊敬，相互信頼。そこをやっぱりつくっておかないと，塾といえども子どもは話を聞いてくれなかったりします。生徒と対話をするときに，私と生徒の関係が上下関係のままだと，対話してもらえません。対等性がないと，本人の言いたいことが言いにくいではないですか。「え，これはちょっとやだ」とか。

赤坂　先生に，「これやりたいよ」とは言えないですよね。公立もまったく同じですね。

一尾　だから，その対等感を出すというところで，選択肢を提示するという感じですね。

赤坂　一尾先生は，日ごろから「相互尊敬と相互信頼」というワードも大事にされていますよね。それは今のお話にどうかかわるのですか。

一尾　相互信頼だと，さっき話したみたいに，「今後，君のやりたいようにやって，途中でつまずくかもしれない」という話をしますよね。その「今後」は，「そのときでもできるよ」「君にはそういう力があるよ」という大前提が含まれている助言なのです。

　ちょっとつまずいたとしても，「別に，大丈夫だけどね」と言えるのは，基本的に根本的な信頼があるからです。それがなく，「いやこれつまずいたら，君大変だけどいい？」とか言った場合，それは

「脅し」になるじゃないですか。

**赤坂**　1つ疑問なのは，塾に来るお子さんって，一尾塾を選んだ段階で，一尾先生に対してある程度の信頼があるのではありませんか。

**一尾**　中学生にはたまに基本的信頼すらない場合がありますよ。塾の立ち上げ当時は，塾のたらい回しで，行くところがなくて，どうにかたどり着いた子が結構いたんですよ。親もとりあえずなんとかしたいという一心で。

**赤坂**　大人に対する不信感をもってる子たちが来るんですね。

**一尾**　最初は，信頼されるまで，「何がやりたい？」と問いかける程度で，アセスメントすらしません。

**赤坂**　信頼を獲得するための事実の積み上げが大事だと思いますが，そこは，どうやって積み上げていくのでしょうか。

**一尾**　えっと，塾に来るじゃないですか。それで，とにかく本人の意思を問います。塾だからといって必ずしも子どもに信頼されているとは限りません。雇われの塾講師だったときは，個別指導だとしても基本的にやることが決められていたんですよね。マニュアルがあって，その本人の意思とか，あんまり問われない。**結局多くの個別指導を掲げている塾も一斉指導を一人一人個別にしているだけなんです**。そうすると，塾を転々としていたような子は，学校でも教師と信頼関係を築けず，塾に行っても，塾の先生との信頼関係も築けなかったりするのです。

　ある中3の女子は，塾に来ても，親にとりあえず行けって言われてきてた子なんで，最初はもう，挨拶はおろか，「うん」とも「すん」とも言いませんでした。ただ来てはいるわけです。「どうする，今日何やりたい？」「学校の宿題でもいいよー」とか。で，「えっと，わかんなかったら呼んでね，すぐ来るから」こんな声かけの繰り返しです。

**赤坂**　なるほど，まずは自己決定の機会の設定ですね。自己決定感の保

証と主体性の尊重ですね。本人がちょっとでもアクション起こしたら，認めたりほめたりしているのですよね。

**一尾**　してます，してます。「ばっちりじゃん」とか。

**赤坂**　なんか，一尾先生は軽く話していますけど，動機づけの理論通りやっているのですね。

**一尾**　はい，真面目で，用心深いので理論を大切にやっていると思います。

**赤坂**　今，用心深いって言いましたが，それはやはり，失敗が許されない仕事だからという厳しさなのでしょうか。

**一尾**　そうです。自分の経験と勘だけに頼って，うまくいかなかったら，子どもにも悪いですから。もちろん，うちは別に成績向上を謳っていないので，成績が上がらなくても全然大丈夫なのですけど。

**赤坂**　なるほど。ここで一度整理すると，個別指導が成り立つためにも，対等性，相互尊敬，相互信頼を大事にしているという話なのですね。一尾先生の言う，個別最適化の最適の部分には，3つの条件があるというお話でした。個別指導においては，「戻り学習」などの仕組みの保証が大事なわけですが，最適化を考えるときに，対等性や相互尊敬，相互信頼といった要素が必要ということですね。その最適化された学びを考えたときに，一尾先生の考える条件はまだ他にありますか。

**一尾**　やはり，本人が納得しないと，と思っています。例えば，今，タブレットとかありますよね。注目されているサービスにAIが問題を最適化して，出してくれるみたいなシステムがありますが，本人が納得してるかどうかは，AIにはわかりません。恐らく作業としては間違ってはいないと思います。しかし，それは，**機械的な最適化というだけで，その子の気持ちが置き去りにされているのではないでしょうか。**

**赤坂**　人間の教師がするべきは，ティーチングだけでなく，モチベーションの向上や自信の育成ということでしょうか。コーチングの仕事

だということでしょうか。一尾先生はティーチャーもやっているけど，コーチもやっているわけですね。

一尾　　何のために勉強をしているのかみたいな話になったときに，達成感とか，自信になったとか，というところにつなげたいなって思うと，例えば，AIがそうやって分析をして，問題を出してくれたところで，自分でやった感ないじゃないですか。なんか，プロセスの中での学びがないじゃないですか。結果としては，恐らくできるようにはなりますよ。しかし，そこで，「あ，俺，頑張ったじゃん」とはならずに，「機械すごいね，AIってすごいね」となるのではないでしょうか。

赤坂　　「機械，すごい」ではなくて，「わたし，すごい」にするためにはどうすればいいでしょうか。

一尾　　自分で選んでいくことですね。

赤坂　　達成までにどれくらい，子ども自身が関与できるかが大事ということですね。一尾先生は，個別指導において，納得やその子の選択を大事にすることで，個別指導が機械的なものになるのではなく最適化されるようにしているというお話だと受け止めました。塾における個別指導においてもその基盤はやはり信頼関係であり，そこにはかなりコストをかけているということですね。

## 別なことをしていても同じ空間にいることで
## 協働的な学びは発生する

赤坂　　２つ目の質問です。一尾先生の考える協働的な学びとはどのような学習のことをイメージしていますか。具体的な実践を交えながら，教えてください。

一尾　　私の考える協働的な学びも，先ほどの３つの土台（対等性，相互

尊敬，相互信頼）の上にしか成り立たないと思っています。生徒同士が上下関係の中で，協働的な学びができるのかって考えるとできないだろうなという気がしています。協働的な学びの例としてはクラス会議があげられます。対等性の上に成り立つからです。また，「ツクルスクール」は学年分けもないので上下関係がありません[1]。

**赤坂**　先ほどの戻り学習などの話も含めて，個の学びが成り立つためには，サポートが必要で，そこの教師との関係の基盤に対等性，相互尊敬，相互信頼がありましたが，子ども同士が学び合うことを考えたときにも，この3条件が必要だという話になりますか。

**一尾**　それが，もうちょっと空気感っぽいというか，その3条件が当たり前な感じです。なんか，子ども同士の協働は，そういうガッツリしたものじゃない気がしていて。空気感のような根本的な枠組みとしての対等感というか。そういうところをすごく気をつけていますね。

**赤坂**　では，ここで「ツクルスクール」とは何かを教えてください。

**一尾**　以前から学校を見ていて，学校だけに何もかも頼っていてはだめだと思ってつくったスクールです。（学校が）ほとんど変わっていない。30年前の僕が中学生のころと，全然，何も変わっていないってすごく感じていました。塾をやっていく中で，今のシステムの中では，どう考えても伸ばせない子たちがいるな，と強く思っていました。

しかし，その子たちは能力がないわけじゃなくて，適切な環境の中でやれば，絶対その子なりに伸びるという確信はありました。でも，未だに学校では校則とか受験とか表面的なことを言っていて，このままでは世の中は変わらないなと思い，だったら，自分で学校

1　一尾氏が2014年に立ち上げたオルタナティブスクール「瀬戸ツクルスクール」のこと。「瀬戸ツクルスクール」の1日は子どもたちのミーティングから始まる。そのミーティングをクラス会議の理論と方法にもとづき実施している。

をつくろうと思ったのです。

赤坂　現在，何人ぐらいのお子さんがいて，どういうお子さんたちが，集まってきているんですか。

一尾　50人ぐらいいます。低学年は，基本的に親が選んできます。子どもも体験して，ここがいいと言って，1，2年生はそんな感じです。中学年は，「ちょっと学校やだな」，「行きたくないなー」くらいの子たちが，「ちょっとこういう所もあるから行ってみる」みたいな感じで来て，入った子たちですね。高学年は，もう学校嫌で嫌でしょうがないみたいな感じで，「学校行きたくない」みたいな感じになって，「ここだったら自由だからいい」みたいな感じで来ています。

赤坂　中学年以上くらいだと，学校と違う選択肢を求めてきていて，下の子たちは割と親御さんたちが「ツクル」という存在を，積極的に意義を認めて，あそこに行こうって促している場合もあるということですね。では，子どもたちの1日の様子を教えてください。

一尾　午前10時ごろ，何となく登校してきます。10時15分ごろからミーティングが始まります。その時間になるとみんなわらわら集まってきます。それまでは，女の子たちはおしゃべりしてるし，男の子たちはだいたいゲームしてますね。それで，クラス会議のミーティングが始まります。輪になり，最初はチャームを鳴らして，マインドフルタイムです。チーンと30秒くらいですかね。その後，ハッピーサンキューナイスですね。

赤坂　コンプリメントの交換ですね。

一尾　はい。ザ・クラス会議です。その後に，コンプリメントを一周して，次に，お昼ご飯何食べるっていう，いや，食べたいものをただ言うだけなんですけど。それを，板書するっていうかホワイトボードに書いていく。そして，食べるものを決める。それで終わりです。

赤坂　午後は何をしているのですか。お昼を食べてからのことです。

一尾　過ごしたいように過ごしています。朝，ミーティングが終わると

大体10時25分くらい。そして，11時15分までが，学習タイムなのですよ。と言っても，何をやってもいいのですけど。そして，11時15分からが，フリータイム。午後はずっとフリータイム。帰りまでフリータイムです。

**赤坂**　探究学習みたいなことをやっていましたよね。

**一尾**　昼食づくりも探究学習みたいなもんだし，カードゲームも探究学習だろって私が勝手に思っているだけです。レゴとかも探究。すごいレゴをつくるんですよ。ある女の子たちは，ずっとなんか，TikTok を見て踊って探究してます。それを私が勝手に探究と言ってるだけで。やりたいことをやっているだけです。

　2時半くらいになったら，私に「じゃあみんなそろそろ帰れよー」と言われます。でも，なかなか帰らないんですよ。楽しくて。それで，3時に完全下校ですね。ざっくり言うとこのようになります。

**赤坂**　では，一尾先生が考える，その協働的な学びというのはどういうものですか。

**一尾**　その協働は，さっきの個別と違って，例えば一人でいたとしても，同じ空間にいるだけで，学びって発生するのではないかなと思っています。例えば，一人で，TikTok を見ているとしましょうか。でも，後ろの方で，なんかこう，ゲームをやっているわけですよ。それで，キャッキャ言ってたりするわけですよ。え，なんかあっちも楽しそうだなと思ったりもするではないですか。

　私の中でそれも学び，みたいな感じなんですよね。みんなで何かしてなくても，みんなの中に，その一人の主体としていることで，学びは発生すると考えています。協働的かと言われると目の前で具体的にこう，力を合わせて何かしてというわけではありませんが，同じ空間にいるという時点ですでに協働だなと思ってます。

　「ツクル」での協働の1つがそこで，もう1つはやっぱり昼食づくりですね。みんなやりたいようにやっていますが，あれが協働だと

226

思うんです。なんか学校で言う協働はみんなが，同じことやるみたいな，感じがするのですよね。

赤坂　学ぶ内容そのものも違ってもいいのではないかということでしょうか。

一尾　そうです。

赤坂　ここで聞きたいのは，以前お話を伺ったときに一尾先生は，個人事業主を育てたいという願いがあり，公立学校では，個人事業主になるような，本当は伸びる力をもっているのに，伸ばせないでいることがあるのではないかという状況で「ツクル」を設立したと言っていました。その活動やそのような空間がどのようにその個人事業主としての力につながっていくのでしょうか。

一尾　結局，ツクルスクールではみんな同じことをしないのです。例えば，料理をつくる子はずっと料理をつくっています。最近「ツクルスクール」に（子どもの活動として）食堂が開店したんですけど，つくる子はずっとつくるし，注文する子はずっと注文するんですよ。結局それって，どちらも大事ではないですか。頼む人がいるから注文する人がいて，その逆も真なり。全部をすべからく平均的にできる必要がない，ということが，「ツクル」には，担保されているんですよね。これをしたいなら，これもできなきゃいけないよねとかにならないのです。

　得意なことはそれぞれあるから，それをやればいいではないか，そうじゃないところは，誰かに助けてもらえばいいではないか。個人事業主はまさにそうです。自分の得意なことでしか，飯を食っていけないんです。全てを満遍なくできる必要がないという，まあ不完全である勇気につながっていくのですけどね。

赤坂　個人事業主に必要な力は何ですか。

一尾　自己決定力です。

赤坂　ただ，今の感じからいくと，多様性承認，他者承認みたいなこと

も高度なレベルでやっているのかもしれないと思いました。と，言いますのは，学校教育の中にいると，ある程度同じことをやってないと双方の認め合いは起こらない。最低基準の上でのでこぼこってのは認めても，その下のところは許容されないような土壌があると思います。例えば，先ほどの料理の話，現在の学校の発想でいくと，注文している人は，料理もつくりなさい，つくった上で注文もしなさいという話になりがちですよね。

一尾　そうです。

赤坂　そうなっているけれど，一尾先生の発想は違うのですよね。つくるプロになれ，注文のプロになれ，どちらもできなくてもいいってことなのですね。自分の強みをとことん強化するってことなのですね。

一尾　そう，そう，そう，そう。自分の得意なところ，勝負できるところで価値を見出せばいいだろうという。別にできないことが悪いことではないじゃないですか。

## 協働は人間学習の場

赤坂　では，あえて聞きます。協働は必要なのでしょうか。一尾先生にとって協働的な学びとは何なのでしょうか。協働的な学びの場は必要ですか。ここまでお話を伺っていると，協働的な学びは必要ないのではと思えてくるのですが。

一尾　いるでしょうね。

赤坂　そこが知りたいのです。民間企業の世界の中で生きてきた一尾先生としては，協働力に本当に必要感を感じているのかどうかお聞きしたいのです。学校の先生は，学校でつけた力が学校以外の世界でどう活用されるかイメージできていない方もいるのではないかと思

うことがあります。

　これまで出会った元民間の人で現在教員をしている人は，組織の中でつまずいて，うまくいかなくなったとか，会社辞めたんだとか，仕事に就けなかったとかといった人たちを見ているのです。でも，学校の先生はそういった実態も知らずに，協働力をつけることはいいことだとか，人間関係形成能力は大事とか言っているのではと思うことがあります。学校以外の場所で，本当に協働力は必要なのですか，どうですか。

一尾　個人事業主でやってると，みんなで一緒にという感覚じゃないのですよね。なんか「俺これやるわ」「じゃあ私これやるわ」みたいな感じでしょうか。だからプロジェクト型になるんですよ，どっちかというと。普段は個別にやっているんですよね，私とか，他の人たちも。何かやるときに「よしやるか」「ほな，これやるわ」みたいな感じです。そのときに大事なのは信頼ですよね。

　結局相手を信頼しているかどうかというところと，あとは何だろうな，一人だと失敗の種類が，レパートリーが少ないんですよ。あの個人事業主は，基本的に失敗とか笑ってガンガンチャレンジしないといけないのです。まあチャレンジしなければいけないわけではないんですけど。協働でやっていると，いろんな失敗のレパートリーに出会えるのですよね。

赤坂　要するに，問題解決をするときに，失敗はとても重要で，失敗のレパートリーを知っている方が成功の確率が高くなる。協働の中で，問題解決方略を学ぶのですね。

一尾　例えば，さっきの注文の話だと，彼はそうめんを茹ですぎるという失敗をしないではないですか。そもそもつくらないから。でもつくっている人がいて，同じ場にいると，その失敗を目の当たりにできるではないですか。そうすると，なんかお互い認め合えるというか，受容し合えるというか，何だろう，さっきの不完全なる勇気と

かになると思うのですけど。

赤坂　　つまり，私はさっき失敗を見ることで，生きる方略を学ぶんだみたいな感覚で言いましたが，一尾先生のレベルはもっと深いですね。一尾先生は，人間の学習をしている感覚でしょうか。人は失敗するんだなということを，いろいろなパターンから，いろいろな人に囲まれていた方が，人をよく理解できるということかもしれません。

一尾　　そうです。だから，男の子同士は泣きながら口喧嘩とかしないわけですよ。でも女の子はやるのですよ。男の子が横目でそれを見てるわけです。

赤坂　　つまり社会で生きていくためには，人間を知らなきゃということですね。人間を知るためには，人とかかわって，一尾先生は失敗という言葉で表現しましたが，人の営みを見なきゃということですね。人の営みに間近で触れることが必要だということですね。さっき一尾先生の言っていた共同体としての空間ですね。隣で TikTok を見ている子を見てて，後ろではほかの子がゲームしてて，自分は料理してればいいじゃないか。それが社会なんだ，という感覚。

一尾　　そうです。それをお互いが，優劣なく，受け入れられるような，受け入れ合えるような，安心，それが安心感につながっていくと思うんですけど。

赤坂　　**つまり，全然違うことをやっていても，信頼できるくらいの，信頼関係がないと，多様性のある社会なんて有り得ないということです**ね。今ちょっとわかった気がします。私は今，学校教育の枠組みでずっと考えていましたが，一尾先生の言っているイメージが自分の今の問題意識にヒットしました。

なんか今，協働学習とか，協働体験みたいなことを言っていますが，どっちかと言えばみんなが同じことをするのがベースになっています。一尾先生からすると，それはリアルな現実やリアルな社会とはちょっと違うのではないかということですね。

| 一尾 | そうそう。甘い，甘いです。 |
| 赤坂 | ごっこ活動に見えるのですね。 |
| 一尾 | そうです。 |
| 赤坂 | だけど，リアル社会の協働って要は，まず模倣とかという前に，知るという，他者を自分の視野（関心）の中に入れること。これ，まさしく共同体感覚ですね。「あなたはそれやってる，私はこれやってるよ」「あなたのやっていることは認めます，同時に私のやってることも認めてくださいね」みたいな感じですよね。学校教育が苦手なところは，ここなのではないかと思っています。 |
| 一尾 | そうですね。 |
| 赤坂 | 学校が午前中で終わり，午後から「ツクル」と。また午前中に「ツクル」に行ってきて，午後「ちょっと部活でもするか」と言って登校するなんてことがあってもいいかもしれません。 |
| 一尾 | その視点だと，地域まるごとで，みたいな発想からの視点になります。その多様性と言ったときに，教育の多様性という結構大きいところで見たいというのがあります。 |
| 赤坂 | 「ツクル」の発想は，そこで子どもの人格形成を完結するんじゃなくて，その1つのパーツをつくってるんだ，担ってるんだという感覚でしょうか。 |
| 一尾 | 私は，瀬戸市全体を考えています。 |
| 赤坂 | 学校の先生にそういう感覚があるといいですよね。 |
| 一尾 | いや，ないでしょうね。 |
| 赤坂 | みんな部分最適にしてしまうからでしょうか。つまり，学校で子どもの教育を完結するという発想に立ってしまっているのかもしれません。 |
| 一尾 | これは，瀬戸市で個人事業主をやってるからこその感覚なのだと思います。普通にサラリーマンでやっていたら，思えないですよ。 |
| 赤坂 | ここまで一尾先生の個別最適のイメージと協働のイメージをお聞 |

きしてきました。協働のイメージはたぶん一般的な学校の先生が抱いている協働とちょっと，違う，深い部分の話だと思いました。そこで，一尾先生の学びのイメージを実現する，学校の先生でいうと学級経営なのですが，一尾先生の場合は，コミュニティづくりですね。一尾先生のコミュニティのイメージを教えてください。

一尾　がっつり仲が良いとかというイメージではないんです。つながっているんだか，つながっていないんだかよくわからないのだけど，つながっているみたいな。なんて言えばいいのでしょうか。みんなで仲良くみたいな感じではないのですよね。その，ゆるやかにつながる，ゆるやか，あんまり密度が濃すぎると，私の世代もそうですが，そういう村社会的なやつ，嫌な感じがあるではないですか。それが，嫌なのです。だから，うちは保護者の集まりとかないのですよ。

赤坂　一尾先生。そのゆるいつながりっていうのを，もう少し具体的な姿で表現できますか。

一尾　例えば「ツクル」でこんなことがありました。普段は口もきかない仲なんですが，ある女の子が虫に刺されたりするわけですよ。そうすると，みんなその子たちにがーっと集まって，話して，問題解決して，終わると，また喋らないのです。「君たち何？」と思いました。「仲が良いの，悪いの，どっちなの？」なんかそういうところで，「ツクル」魂みたいなのをもっているようです。

赤坂　団結とかまとまりとは別な味つけのつながりでしょうか。しかし，何らかのカルチャーをもっているようですね。暗黙知化した行動規範と言えばいいでしょうか。

一尾　そうです。そうなんですよ。

赤坂　4番目の質問に入りますが，こういうようなコミュニティをつくるために，一尾先生が大事にしていることとか，取り組んでいることは何かありますか。

232

# 緩くも厳しい世界を生きる子どもに向き合う，誠実，本気，継続

一尾　やっぱり対等性，相互尊敬，相互信頼は徹底ですよね。

赤坂　そこの徹底だと思うのですが，それを徹底するために一尾先生がしていることは何なのですか。

一尾　はい。私の生き方になってしまうんですけどね。大事にしている価値観があって，誠実，本気，継続なんですよ。その３つが私のミッションステートメントなのです。それを達成しようと思うと，対等でないと誠実さとかがやっぱり伝わらない。

赤坂　一尾先生が，対等性を大事にするために取っている行動はあるのですか。

一尾　「言いたいことを言う」「思ったことを言う」「決めつけない」とか。あと，リラックスしています。リラックス。なんかこう，変に構えない。弱さを見せるとか。やっぱりこちらは，大人なので，こっちが，ある程度の無邪気さを見せていかないと，そもそも身長差があるし，物理的に。体格差もありますし，その中で普通にいちゃうと，どうしても上になっちゃいますよね。だから，ちっちゃい子と話すときは目線を合わせましょうという話をするじゃありませんか。それと同じで，自分も同じ学ぶ者じゃないですか。

赤坂　対等性，相互尊敬，相互信頼を実現するための，一尾先生のあり方はわかりました。それを「ツクル」の子どもたちに求めたりしないのですか。

一尾　「ツクル」の子どもたちに求めるかということですか。いや，別に求めていないです。

赤坂　ここは大事にしてねとか，これは守ってねという話はないんですか。一尾先生が，枠組みとしてもっているものがありますよね。そ

れをちょっと開示してくれませんか。「困ったことは話し合ってね」というのもその1つでしょう。「何かを決める時は話し合ってください」というのは，相当な協働を子どもたちに求めていますよね。

**一尾** はい，そうです。かなりですね。

**赤坂** 厳しいレベルで求めていますよね。

**一尾** それこそ，来る来ないもうちは自己決定に任されています。帰りたくなったら，帰ればとか言われるし。だから，人のせいにするなっていうのは，あると思います。

**赤坂** 「自分のことは自分で決めてください，人のせいにしない」ということと，2つ目はなんでしょうか。

**一尾** あとは，「私に言うな」です。私に言わないでとか。「問題が起こっても私に言わないでね」とか言ってます。

**赤坂** アドラー心理学で言う課題の分離ですね[2]。また，「困ったら話し合いなさい」は問題解決能力ですね。

**一尾** 話し合えとは，言ってないんですよ。

**赤坂** いや，しかし，仕組みがありますよね。

**一尾** 話し合いを求めているわけではなくて，話し合いの場を設定しているだけです。子どもたちは結局話し合わざるを得なくなる，そして，自分たちで決めざるを得なくなるわけです。

あと，約束みたいなもので言えば，うちには誓約書があるんですよ（図1）。

**赤坂** それはどんなものですか。

**一尾** 「来たいときだけ来る」というやつとか。あとは，「2時15分までには調理室を出てね」とか。あと，「ミーティングはやってね」とか。

---

2　アドラー心理学における人間関係における特徴的な考え方に「課題の分離」がある。相手との関係において，相手の課題なのか，自分の課題なのかを明確にし，踏み込まない，踏み込ませないこと言う。私たちは，この境界線を越えてしまうために人間関係のトラブルを生じさせてしまう。
（参考：岩井俊憲『人生が大きく変わるアドラー心理学入門』かんき出版，2014）

いくつかルールがあって，そこにサインしてもらっています。

赤坂　ちゃんと決めてるではありませんか。

一尾　コンテンツは決めないという感じなのです。その流れだけ。ただ，やってもらうことは，これで決まってるから，これ，やりたくないときだって人間あるから，そういうときは休めばいいんだよね，という話をします。

赤坂　基本的に，アドラー心理学で大事にしているような，尊敬，責任，社会性，問題解決といった理念を「ツクル」は忠実に実現しようとしているのですね[3]。

一尾　愚直にやっているだけです。ゲームは OK なのですけど，ゲームするだけなら，来なくていいのではないか，みたいな話を子どもた

---

- ・1　ミーティングに参加すること
- ・2　ミーティングのルールを守ること
- ・3　学習シートを記入すること
- ・4　デジタルデトックスタイムを守ること
- ・5　食事やお菓子は調理室で食べること
- ・6　昼食のおつりは財布に入れること
- ・7　自分で使った食器は自分で洗うこと
- ・8　午後２：15までに調理室を出ること
- ・9　帰りにふせんを必ずはること
- ・10　早めに帰るときは家族に連絡をすること
- ・11　法律を守ること
- ・12　来たいときだけ来ること
- ・以上のことを守れない，守りたくないときは早退するかお休みしてください。

図1　ツクルスクールの誓約書

---

3　健康なパーソナリティをもつ子どもに育てるためにアドラー心理学に基づく学校教育が掲げる理念に，4つの「S」と呼ばれるものがある。尊敬，責任，社会性，生活力である。尊敬とは，対等の人間として相手を尊敬すること，責任とは，課題に対して逃げないで応答すること，社会性とは，社会の中で自分の要求を通して，しかも人を傷付けないで技術，あるいはその姿勢，生活力は生き残るちから，生きる力のことを言う。(参考：野田俊作『続アドラー心理学トーキングセミナー』アニマ2001，1991)

ちとします。「私はそう思うんだけどみんなはどうなの？」みたいな話をしています。

赤坂　11，12はすごく大事ですね。学校は，時に普通に違法行為があっちこっちでありますからね。いじめなんかその最たるものでしょう。

一尾　そうですね。私もフレームをどこまで，みんなで決めたらいいのだろうと思って。でもそもそも社会に出て必要なことは，法律を守ることだよなという。どんな職業に就こうが，どんな生き方をしていようが，万人が守らなければいけないことは何だろうと考えたときに，わざわざクラスで何かルールを決めなくても，社会に出るという前提で考えれば法律だと思って。ほぼ法律で対応できるのですよ。例えば，スマホでのわいせつ画像閲覧なら，わいせつ物陳列とかあるわけじゃないですか。

それで「子ども六法」を紹介したんですよ。子どもたちが悪口言い合ったりするじゃないですか。もちろんそれはね，相手が嫌な気持ちになったらやらないってのは大前提なのですけど，でもそもそも法律で侮辱罪になるわけじゃないですか。

そうすると，訴えられると，罰金とか禁錮とかになるわけじゃないですか。それも嫌だというなら，法律変えれば，と私に言われます。もちろん，守らないです。普通にね，アホとかバカとか言うわけですよ。子どもは，そんなもんじゃないですか。でも，「こういうことがちゃんと枠組みとして，ちゃんと法律としてあるんですよ，君たち。LINE いじめなんか，スクショ撮られたら証拠になって訴えられるよ」みたいな話はしています。その辺の生ぬるさはないですね。

赤坂　ツクルスクールは，表面的に見ると，公立学校よりも遅い時間に集まって，早い時間に帰る。来て何をやっているかというと，お昼ご飯に何を食べるか決めて好きなことをやっている，そうしたソフト（内容）の部分だけ聞くと，なんか，「ツクル」はすごく緩く見え

ますが，ハード（枠組み）の部分をちゃんと知れば結構厳しい世界で子どもは教育されているわけですね。

一尾　いやいや，かなり厳しいと思います。

赤坂　社会人としての訓練をしてるわけですね。

## 【対話を終えて】

　個別指導のプロとしての一尾先生のお話は，集団指導を前提としている私のような公立学校の文化にどっぷりとつかってきた者にはとても新鮮な驚きと感動がありました。一尾先生の個別指導の過程は，子どもとの対話によって，まず目標設定，取り組む内容を決め，子どものチャレンジ（試行錯誤）を見守り，必要な助言をするという，学習者の自己決定と主体性を尊重するものでした。対話を丁寧にしながら，目標と内容を決めることが，個別最適な学びとなっていくというお話は，集団指導を得意とする学校の教師にとっても重要な示唆を与えたのではないでしょうか。

　また，協働的な学びの話においては，そのフィールドが自身の運営するオルタナティブスクールが基盤になっていたので，表面的に読んでいると「公立とは違う，通常の学校には無理」と判断してしまうかもしれませんが，私が一尾先生をインタビュー相手に選んだのは，「ツクルスクール」の運営の中にこれからの学校が学べるところがたくさんあると思ったからです。

　「ツクルスクール」での1日は，自由で緩やかで楽しそうに見えます。実際にそうなのだと思います。ツクルの子どもたちは，一条校に通学する子どもたちのように国で定められたカリキュラムにそった教育を受けているわけではありませんが，一尾先生が重視しているのはそこではなくて，「実社会で生きる力」であり，それをダイレクトに見つめたときに，ツクルスクールのカリキュラムが構想されるわけです。

　以前，私が大学院生のときに，非構成的グループエンカウンターのワークショップに出たことがあります。エンカウンターとは，本音を表現し合い，

それを互いに認め合う体験のことです。この体験が，自分や他者への気づき
を深めさせ，人とともに生きる喜びや，わが道を力強く歩む勇気をもたらし
ます。学校現場でよく知られているのは，構成的グループエンカウンターと
呼ばれるもので，これは，リーダーの指示した課題をグループで行い，その
ときの気持ちを率直に語り合うことで徐々にエンカウンター体験を深めてい
くものです。リーダーの指示のもと，やるべき課題がハッキリしているので，
参加者にかかるストレスが少なく，楽しく体験できます。

　一方，それと対照的なものとして，非構成的グループエンカウンターとい
うものがあります。これは，リーダーがいても何もしません。課題も明確な
ものがありません。ただ，そこに数人の人が集っているのです。これには大
きなストレスがかかります。時には，メンバー同士で喧嘩が起こるようなこ
ともあります。でもそこは，教育的なワークショップなのでやってはいけな
いことはある程度共通理解されているわけです。

　ツクルスクールから見ると，学校教育は構成的グループエンカウンターの
ように見えるのかもしれません。構成的グループエンカウンターは楽しく過
ごせる人は多いですが，やはりその一律一斉の活動のあり方に居づらさを感
じる人もいるのは事実であり，また，それが日常とかけ離れているので実生
活への効果の波及に課題が指摘されています。ツクルスクールは枠組みだけ
あって，中味はとても緩い。しかし，それは決して楽しいことばかりではな
いでしょう。

　やることを自分たちが決めなくてはいけない，過ごし方は自己決定に委ね
られているという状態は，ある意味厳しい世界でしょう。今，世の中はいろ
いろな規制が撤廃され，確実に構成から非構成の世界に移行しつつあるのも
事実ではないでしょうか。やることがお膳立てされて，そして，他者決定の
連続性に身を委ねている状態（に見える）の今の学校教育は，ツクルスクー
ルから見たら「ぬるい」「ごっこ活動」のように感じてしまうのもわかるよ
うな気がします。ツクルの子どもたちが，その緩くも厳しい世界で楽しさを
創出していたら，それは自分たちで楽しくしているという自負があるのかも

しれません。私には，ツクルスクールは緩いけどぬるくないと思えるのです。

　ツクルのカリキュラムは，Society3.0の工業化社会の基盤である「みんな一律・みんな一斉」というものを全く重視していないどころか，視線そのものを送ってもいないように思えます。自分の得意を伸ばすためにとことん好きにやればいいということがベースになっています。そこには教科書に書いてある内容すら相対化されていて，重要なものではないわけです。それよりも大事なものがあり，それを言葉にしていうならば，自己決定する力，自分の生活・行動に責任をとる力，互いに違うことを認め合う力，そして，協働的に問題解決する力なのかもしれません。「学校と違うから参考にならない」と言って決めつける前に，こうした大胆な発想の中に未来と可能性を見つけ，できるところを応用，活用してみる姿勢が今の学校に求められているのだと思います。

**図2　一尾氏の個別最適な学び×協働的な学びのイメージ**

# 総括

## 個別最適な学びと協働的な学びを実現する10ヵ条
―フロンティアたちの流儀―

3章

## Ⅰ　個別最適な学びと協働的な学びは不可分

　対話者全員が，個別最適な学びと協働的な学びは分割不可能と捉えていました。「公正に個別最適された学び」や「個別最適な学び」という言葉が，公文書を通じて聞こえてきた時期と GIGA スクール構想が周知されてきた時期が同時だったために，子どもが端末片手に個別の学習を進めていくというイメージが一人歩きしてしまったような印象があります。もちろん，端末を使用して個別に学習するということも，個別最適な学びの一段階ではあるでしょう。問題解決の探究過程において，子どもたちが端末を使用して一人一人が異なる課題を自分のペースで学んでいく姿もあって然るべきです。しかし，その姿は決して個別最適な学びの全てを説明しているわけではないのです。これまでの学習理論や発達理論を踏まえれば，個別学習は本質的には学習とは呼べないのではないでしょうか。学習とは「社会的営み」だからです。

　学習の基本構造を説明するときに用いられるたとえ話があります。それは「相撲取りは親方によって強くなるのではなく，相撲部屋に所属することによって強くなる」というものです。これは，学習とは優れた親方からの情報や技術の伝達によって，力量が高まるのではなく，同じ部屋の兄弟弟子から有形無形の様々な影響を受けて強くなるということを意味しています。

　教室でも同じ構造なのでしょう。それなりにスキルのある教師やオンライン上の超優秀講師から授業を受ければ，わかりやすい授業，楽しい授業で内容を理解することはできるかもしれません。しかし，それは「使える学力」としては機能しない可能性があります。対話者たちの教室における学習のように，インプットした知識を他者にわかりやすく伝えたり，相手のわからなさを理解したり，相手の言っていることを理解しようとしたりする営みを通じて，「使える学力」になっていくことでしょう。

　2 つの学びを「立体的に充実」とは，こうした 2 つの学びが往還する中で実現するイメージと考えられます。

## 2 ねらいは生きる力の育成，
　　学級経営はそのための１つの方法

　これも全ての対話者に共通していたことですが，彼らが見ていたものは，教科指導の充実や教科の学力の向上ではありませんでした。生きる力，自立する力，自律する力，また，具体的に協働的問題解決能力と呼ぶ場合もありました。それぞれ言い方は異なりますが，子どもたちが実社会で生き抜く姿を想定して教育活動を展開していました。読者の多くの方が実感している通り，実社会を生きるには問題を発見し，そこから課題を抽出し，解決策を策定し問題を打開する力が求められます。しかし，１つの問題を解決してもすぐ次の問題が発生します。つまり，人生は問題解決の連続であるという構造です。そして，その問題は１つ解決するごとに難易度が上がっていくという構造があるのではないでしょうか。なぜなら，解決された問題は次に起こるときには経験値や解決のノウハウがあるので問題になり得ないからです。

　特に予想ができない時代においては，個人の能力を超えた問題が起こることが想定されています。そうしたときに必要なのは他者との協働です。どんなに AI や ICT 機器が発達しても，社会が人間によって構成されている以上は，どんな問題も人間関係と無縁でいることはできません。仕事においても友人との問題においても，家族の間の問題においても，何かしら成果を上げるためには，自分の言いたいことを伝えると同時に，相手の言い分や思いを理解しながら，双方が納得したり，折り合いをつけたりする力が求められることでしょう。みなさんが何かを校務分掌でも授業でも目的を達成しようと思ったら職員や子どもたちの協力を得なくてはなりません。

　だからこそ，教室においては学級経営が必要なのでしょう。7人の学校の教師たちは，それぞれ学級経営の重要さを認識しています。しかし，彼らにとって学級経営は目的ではなく，個の生きる力を育てるための１つの過程であり，もっと踏み込んで言うと道具として考えています。ツクルスクールで子どもたちを集めて教育するのも同じ理由だと考えられます。

## 3　問題解決の手順を教えている

　対話者たちは，個別最適な学びの語りの中で，それぞれ問題解決の手順を子どもたちに示し，教えていました。彼らの授業の典型の1つに，①課題の提示，②個人試行，③協働での解決，④学びの共有という流れが見られました。そして，これも対話者のほとんどに，③の中に複数の学びのあり方が見られました。

　子どもたちは協働の時間になると，一人で黙々と解決に取り組む，友だちと話し合いながら取り組む，友だちに教えてもらう，友だちに教える，そして，教師に教えてもらうなどの複数の学び方で学んでいました。これらを必要に応じて組み合わせる場合もあったようです。また，問題解決の道具として，教科書，配付資料，参考書，タブレットなど，これも必要に応じて組み合わせる場合もあるようです。子どもたちの中には，一人で学びたい子や他者と学びたい子，先生と学びたい子，様々な対人ニーズをもっている子もいます。特に私がインタビューでなるほどと思ったのは，先生に学びたい子のニーズの存在です。協働学習の文脈では，子ども同士で教え合うこと，また教師が教えないことが「善」とされますが，子どもの中には，愛着形成の問題やその日のコンディションによって，先生と触れ合いたいという子が一定数いるはずです。そうした子のニーズを無視してまで，子ども同士が教え合わなければならないということはないでしょう。

　子どもたちが学びたい形で学べることが保証されているわけです。これが自然発生的に起こっているのではなく，最初は選択肢が与えられるところから始まっている場合もあるようです。こうやって見てくると，個に焦点を当てて見たときに，学びたい方法で問題解決をしていれば，他者とかかわっていようがかかわっていまいが，それは個別最適な学びと言えるのではないでしょうか。個別最適な学びとは決して単なる学習形態の問題ではないことがわかります。

# 4　協働を支える対等な人間関係

　対話者たちの教室における個別最適な学びは，協働との往還によってその機能が引き出されていることがわかりました。平易な言い方をすれば，個の学びの充実は他者とのかかわりがあってこそ，成り立つということになるでしょうか。ただ，その協働のあり方は，具体的な他者とのかかわり，例えば，他者に教えてもらう，教える，他者の意見を聞く，自分の意見を出す，合意形成をするといったレベルではないこともわかります。

　それは「気配の共有」や「存在の共有」といったレベルの話です。対話者の授業イメージの中でしばしば出てくるのが，互いの学び方を尊重している子どもたちの姿です。それは，例に挙げたような目に見える形の協働ではなく，他者がそこにいないかのように一人で学んでいる子や先生にべったりの子や，ツクルスクールの場合はもっと落差が激しく，本を読んでいる子の脇でダンスしている子もいるわけです。

　公立学校の子どもたちだって休み時間はそんな風景だと思います。それぞれのあり方を承認し合っているのです。病院の待合室や電車の中のような状態なのかというとそうではないわけです。普段突っ伏して学習に参加していないような子がわからないと発するや否や，有志で勉強を教えたり，ちょっとした怪我をみんなで心配したりするようなことが起こるわけです。

　これはその場に何かしらの集団規範があるわけだろうと思われます。そうでなければ，普段勉強しない子がわからなくても自己責任で片づけられたり，怪我をしたと知っても重大なことでなければ一瞥をくれるだけだったりで終わることでしょう。また，一人で学んでいる子や先生に教えてもらってばかりいる子に対して違和感を抱いたり表出したりすることでしょう。

　そうならない1つの装置として，「対等な人間関係」が挙げられます。多くの対話者が大事にしていると言ったのが対等性です。互いのあり方を承認し合うためには見逃せない条件と言えるでしょう。

## 5 「最適」を創出する条件としての「選択」

対話者の教室では，問題解決の場面で①自力で問題を解く，②他者に教え
もらう，③他者に教える，④他者と考える，⑤先生に教えて貰う，①～⑤を
課題や場面によって選択したり組み合わせたりしている姿が窺われました。

これらのことが，個別最適な学びおいて「最適」と表現されるための要因
の１つに，子どもたちの選択があろうかと思います。対話者の教室では，学
び方，問題解決の方法を選べるということが保証されていました。学校教育
の批判に一斉，画一であることがよく指摘されますが，それは選択の余地が
ないことを言っているのではないかと思われます。

しかし，対話者の教室では，問題解決の過程における選択肢が用意されて
います。桜井（1997）は，内発的学習意欲のみなもととして，「有能感」「自
己決定感」「他者受容感」の３条件を挙げます[1]。有能感とは「自分は勉強が
できるんだ」，自己決定感とは「自分のことは（好んで）自分で決めている
んだ」，他者受容感は「自分はまわりの大切な人から受容されているんだ」
という実感のことを言います[2]。対話者の語りの中の子どもたちが，学習意
欲に溢れているように見えます。そうした姿が生まれてくることに，この選
択できること，つまり自己決定できることが大きく影響しているのではない
でしょうか。

恐らく対話者たちは，子どもたちの学習意欲を大事にしていて，主体性の
引き出しに相当な意識を払っているのではないでしょうか。彼らが対等な関
係性を育てているのもその１つで，子どもたちが認め合うことで，やる気は
さらに高まることを知っているからなのではないでしょうか。子どもたちの
関係性が成熟するほど，より互いの大切さが増すことでしょう。大切な他者
から承認されることで，より意欲が引き出されるという構造です。

---

1　桜井茂男『学習意欲の心理学 自ら学ぶ子どもを育てる』誠信書房，1997

2　前掲1

# 6 集団を成り立たせる「共通の規準」

　相互承認の関係性の中で自己決定し，学習においてそれぞれが「勉強ができる」という実感を積み重ねることで，さらに学習意欲は高まっていくことでしょう。さて，一方で気になることもあります。対話者のクラスは，選択権が子どもたちにあり，学習中は個々バラバラにやっています。にもかかわらず，クラスや共同体としての「まとまり」をもっているように感じます。個の選択を尊重する学習スタイルをとっていて学級集団としてばらけていかないのでしょうか。もちろん，ペアになったり，グループになったり，相手を変えて話し合ったりしています。そういった意味で，他者とのつながりはあちらこちらで発生しています。しかし，そうした「小規模の協働」で，子ども同士のつながりが弱くなっている状況でクラスは解体に向かっていかないのでしょうか。

　そうした問いをもって対話を読み直すと，全てのクラス，コミュニティに，集団として成り立たせるための仕組みがあることがわかります。特徴的なものは，クラス会議だと思いますが，それだけではありません。安易な人間関係に流れないルールのようなものを示して，子どもたちが感情だけでなく目的的にかかわるように促していたり，子どもたちのパフォーンマンスに対して即時フィードバックを繰り返して望ましい価値や行動を浸透させたり，教師の願いや目標を語ったりしていました。それがクラスの枠組みとなって，子どもたちの行動の共通の規準，対話の中ではカルチャーと表現したこともありますが，そうしたものになっていたのではないでしょうか。

　この共通の規準のうち，対話者は，根幹にかかわり揺らいではならない部分に関しては，ルールとして示したり語り聞かせたりしていたように思います。また，一方で子どもたちに任せてよい部分は，話し合いに委ねていたように思います。また，大枠を教師がもちながら，子どもに委ねていく部分を小出しにしながら自己決定感を保証する「技巧派」もいました。

# 7 「カリキュラム全体」で「生き方」に迫る

　対話者の共通の認識として想定されることとして更に挙げられるのは，学びの場を，教科指導や授業の場と限定していないことです。特別活動や道徳に注目する対話者もいました。あえて教科指導に注目すると言い切る対話者もいました。しかし，いずれもその目は，カリキュラム全体を見ていました。

　今，全国の教室でペア学習やグループ学習などの交流型の学習が展開されています。そうした教室の何割かで起こっていることとして，学習中はルールを守って適切にかかわっているにもかかわらず，休憩時間や地域に帰ってから，トラブルを起こし，そのトラブルが学校生活に影響を及ぼすという事例です。授業に守られているかかわり方が，授業外では守られないという現象が起こっているのです。

　それは，考えてみれば何の不思議もなく，縛りの多い状態で守られている行動規範が，縛りの緩いところでは機能しないということです。それは，授業中のルールが授業中だけのものだと捉えられていて，生活場面に転移していないか，そもそもルールが教えられていないかです。では，どうしてルールが指導されていないのにもかかわらず子どもたちは学習中にトラブルを起こさないのでしょうか。

　それは，高級レストランでは騒がない人も居酒屋では大声を上げている現象に似ています。要するに，統一された行動規範がないからです。授業中や教室という場では言ってはいけないことも，休憩時間や帰宅してからは言えてしまいます。生活全体で大事にしなくてはならない行動規範が学ばれていないからそういうことが起こります。さらに少し注意が必要なのは，縛りのキツイところで決められたルールは，縛りの緩いところでは守られにくいという性格があります。しかし，縛りの緩いところで決められたルールは，縛りのキツイところでも守られる傾向があります。対話者たちが見据えるのは「生き方」です。だからこそのカリキュラム全体でのアプローチなのです。

# 8　反省からの「子ども中心主義」

　ある対話者の過去には自分の荒らしてしまったクラスの姿がありました。また，ある対話者の根底には特別支援教育の考え方がありました。また，対話者の現在の姿の背景には，力技で指導していた過去の自分の姿がありました。いろいろな反省のもとに，他者から一目置かれるような教育，子どもから尊敬される教室を実現していました。今，反省と表現しましたが，それは，愚痴や後悔のレベルとは一線を画しています。

　私たちが日常に使っている反省はネガティブなイメージがつきまといますが，本来的に反省は「①自分のおこないをかえりみること。自分の過去の行為について考察し，批判的な評価を加えること　②自己の内面的な精神生活または心的状態に意識とくに注意の作用を向けること（後略，赤坂）（広辞苑第七版）」とあり，主体的で生産的な行為です。過去の失敗と思われる事例から，①体験を整理し，②新たな知識を注入し，③　①と②を比較し教訓を抽出し，④次に試す，こうした地道な営みの繰り返しにより，今の姿を体現しているのではないかと思われます。

　多くの対話者が，子どもとよく話をしています。そして，子どもによく声をかけています。全ての始まりは「子ども理解から」と断言する対話者もいました。かつて子どもをテクニックやネタで思い通りにしようとした経験は私にもあります。若いときはとにかく指導力がほしかったのです。子どもたちをコントロールしたかったのです。しかし，クラスで初めて不登校傾向の子どもを出したときに，「自分は子どもたちにそんなに好かれていない」「自分がしていたことは指導ではなく支配だった」ことに気づかされました。

　そうした支配欲から解き放たれ，一人の子どもの視点で教室を眺めることができるようになったとき，この教室は，誰かから認められるようになっているか，自己決定ができるようになっているか，そして，私はできる，という実感が得られるようになっているかが見えてくるのではないでしょうか。

## 9　学級経営の基本原則を踏まえる

　対話者たちの共通点として，学級経営の重要性を認識していたことです。彼らと学級経営とのかかわりについて次のようなことが言えると思います。

　対話者たちは，集団形成の型をもっていました。大まかに解釈すると，①子どもとのコミュニケーション量を圧倒的に確保し，自らの影響力を増大し，②①を資本にして，子ども同士のかかわりや集団形成に必要な知識や技術等を教え，③子ども同士のかかわる機会として問題解決場面を設定して②を伸ばし，④子どもたちの話し合いによって，②や③の組み替えや強化をし，⑤④によって学級の文化や風土を形成する，のではないでしょうか。そして，これらの①〜⑤は，主体性の引き出しによる自律から自立へのプロセスだと言い換えることもできるのです。このプロセスは，白松（2017）が示した，学級はあたたかさを基盤（必然的領域）に，子どもたちのできることを増やし（計画的領域），子どもたちと共に学級をつくる（偶発的領域）という学級経営の３つの領域の営みそのものだと言えます[3]。

　『世界最高の学級経営』を著した，ハリー・ウォン，ローズマリー・ウォン（稲垣訳，2017）は，指導力のある教師の条件として以下の３つをあげました。「1　学級経営がすばらしい，2　子どもの学びと熟達のために授業を行うことを心得ている，3　子どもの成功に対して前向きな期待をしている」[4]です。学級担任制ではないアメリカの教師がこういうことを主張していて，更にこれが世界的ベストセラーになっている一方で，学級担任制がある日本で，学級経営を教員養成でも教員研修でもしっかりと扱わないのは不思議なことです。

---

3　白松賢『学級経営の教科書』東洋館出版社，2017
4　ハリー・ウォン，ローズマリー・ウォン著／稲垣みどり訳『世界最高の学級経営』東洋館出版社，2017

# 10　願いと方法の一体化

　なぜ対話者たちが，語りに現れたような，生き生きとした教室を創造できるのか。それは間違いなく適切な目標をもっているからではないでしょうか。そしてその目標が子どもの姿として見えるビジョンがあるのではないでしょうか。彼らのビジョンの中で，子どもたちは問題解決に向けて，時には一人でじっくりと考え込み，時には助け合ったり，相談したり，合意形成したりしているのではないでしょうか。そして子どもたちが学ぶ空間はあたたかく笑顔や真剣さや心地よい緊張感に満ちているのではないでしょうか。そうした，解像度の高いビジョンをもっていて，且つ，それを言葉にできるから，願いとして語ることができるわけです。言葉にして語ることができるから，子どもたちに直接伝えたり，それを評価規準にしてフィードバックができたりするわけです。即ち，明確なビジョンは評価の指標になるのです。

　そしてもう1つ明らかだと思われることは，そのビジョンを実現する適切な方法論をもっているということです。適切なビジョンをもっていても，方法論が不適切な場合，ビジョンは実現しないことでしょう。子ども同士の人間関係が大事，主体性や思いやりが大事と言いながら，授業を拝見すると，ちっとも子どもたちはかかわっていないし，主体性が尊重されていないし，思いやりが発動する場が設定されていない，また，そうした行動を価値づけてもいないという教室をしばしば見ます。残念ながら「口ばっかり」という状態に陥っているわけです。

　対話からわかるように，彼らは個別最適な学びと協働的な学びを目指して実践しているのではありません。彼らの目指す世界に子どもたちと一緒に旅をする過程で，そうした学び方を実現していたのです。ハッキリ言いましょう。個別最適な学びや協働的な学びは，何ら新しい学習のあり方ではありません。子どもの今とこれからに「何ができるか」を問い続けている教師ならば必然的に実現している日常的な学びのあり方の1つに過ぎません。

【著者紹介】

赤坂　真二（あかさか　しんじ）

1965年新潟県うまれ。上越教育大学教職大学院教授。学校心理士。19年間の小学校勤務では，アドラー心理学的アプローチの学級経営に取り組み，子どものやる気と自信を高める学級づくりについて実証的な研究を進めてきた。2008年4月から，これから現場に立つ若手教師の育成，主に小中学校現職教師の再教育にかかわりながら，講演や執筆を行う。

【著書】

『スペシャリスト直伝！　学級づくり成功の極意』(2011)，『スペシャリスト直伝！　学級を最高のチームにする極意』(2013)，『スペシャリスト直伝！　成功する自治的集団を育てる学級づくりの極意』(2016)，『スペシャリスト直伝！　主体性とやる気を引き出す学級づくりの極意』(2017)，『最高の学級づくりパーフェクトガイド』(2018)，『資質・能力を育てる問題解決型学級経営』(2018)，『アドラー心理学で変わる学級経営　勇気づけのクラスづくり』(2019)，『学級経営大全』(2020)，『アドラー心理学で考える学級経営　学級崩壊と荒れに向き合う』(2021，以上明治図書) 他，編著書など多数。DVD に『明日の教室 DVD シリーズ第49弾』「学級集団づくりとアドラー心理学とクラス会議と」(有限会社カヤ) がある。

個別最適な学び×協働的な学び
を実現する学級経営

| | | | |
|---|---|---|---|
| 2022年4月初版第1刷刊 | ©著　者 | 赤　坂　真　二 | |
| 2024年1月初版第4刷刊 | 発行者 | 藤　原　光　政 | |

発行所　明治図書出版株式会社
http://www.meijitosho.co.jp
(企画)及川　誠 (校正)杉浦佐和子
〒114-0023　東京都北区滝野川7-46-1
振替00160-5-151318　電話03(5907)6703
ご注文窓口　電話03(5907)6668

＊検印省略　　　　　　組版所　広研印刷株式会社

Printed in Japan　　　　　　ISBN978-4-18-319220-2
もれなくクーポンがもらえる！読者アンケートはこちらから→